Verse 2

        C   **G**
To you, I would give the world

Am7 G/B C   **G**
  To   you, I'd   never be cold

Am7   **G/B** **Am**   **Em**
    'Cause I feel that when I'm with you

    Csus2   **G**
It's alright, I know it's right.

Chorus 2

           D   **C**
And the songbirds keep singing

           Em
Like they know the score

       C   **D**
And I love you, I love you, I love you

    G   **Am7**   **G/B**
Like never before,

C   **G**   **Am7**   **G/B**
  Like never before

C   **G**
  Like never before.

3

Narrow Daylight

Words by Elvis Costello & Diana Krall
Music by Diana Krall

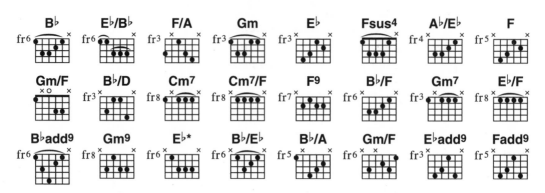

Intro | B♭ E♭/B♭ | B♭ E♭/B♭ ‖

Verse 1

B♭ F/A Gm
Nar - row day - light

E♭   B♭ E♭/B♭
Entered my room,

B♭ F/A Gm Fsus4 E♭ A♭/E♭ E♭
Shin - ing hours were brief,

B♭   F/A
Winter is over,

E♭   B♭
Summer is near

E♭/B♭   B♭ F   B♭ E♭/B♭ | B♭ E♭/B♭ |
Are we strong - er than we believe?_____

Verse 2

B♭   F/A Gm
I walked through halls of reputa - tion

E♭   B♭ E♭/B♭
Among the infamous too

B♭ F/A   Gm   Gm/F
As the camera clings to the common thread,

E♭   B♭/D Cm7 Cm7/F F9 B♭ E♭/B♭
Beyond all vanity into a gaze to shoot you through.

SONGBIRD
CHORD SONGBOOK

Published by
Wise Publications, 8/9 Frith Street, London, W1D 3JB, England.

Exclusive Distributors:
Music Sales Limited, Distribution Centre, Newmarket Road,
Bury St Edmunds, Suffolk, IP33 3YB, England.
Music Sales Pty Limited, 120 Rothschild Avenue, Rosebery, NSW 2018, Australia.

Order No. AM91730. ISBN 0-7119-3846-6
This book © Copyright 2004 by Wise Publications.

Music arranged by James Dean.
Music processed by Paul Ewers Music Design.
Music edited by Lucy Holliday.
Printed in the United Kingdom by Caligraving Limited, Thetford, Norfolk.

www.musicsales.com

WISE PUBLICATIONS
part of The Music Sales Group
London/New York/Paris/Sydney/Copenhagen/Madrid/Tokyo

Songbird

Words & Music by
Christine McVie

Intro ‖: G   G* D/G │Csus2   :‖ *x2*

│ G   G* D/G │C/G   D   │

Verse 1
    C   **G**
For you, there'll be no crying
Am7 G/B C **G**
  For   you,   the sun will be shining
Am7 G/B   **Am**   **Em**
  'Cause I feel that when I'm with you
  Csus2 **G**
It's alright, I know it's right.

Chorus 1
            D   **C**
And the songbirds keep singing
      Em
Like they know the score
     C   **D**
And I love you, I love you, I love you
    G
Like never before.

Guitar Solo

│C   │C   │G   │G   Am7 G/B │

│C   │C   │G   │G   │

│D   │C   │Em   │Em   │

│C   │D   │G   │G   │

Chorus 1

B♭   F B♭/F F
Is the kindness we count upon
    E♭   A♭/E♭ E♭
Hidden in everyone?
      B♭/D Gm7
I stepped out in a sunlit grove
     Cm7   E♭/F   B♭ Cm7 B♭/D
Although deep down I wished it would rain.—
E♭   B♭/D Gm7
Washing away all the sad - ness and tears
    Cm7   E♭/F   B♭ E♭/B♭ B♭
That will never fall so heavily a - gain.

Guitar solo

| B♭add9 | Gm9 | E♭* B♭/E♭ | B♭ E♭/B♭ |

| B♭ B♭/A Gm9 Gm/F | E♭* A♭/E♭ E♭* | B♭ F |

| E♭add9 E♭/B♭ B♭ E♭/B♭ | B♭ Fadd9 | B♭ E♭/B♭ ‖

Chorus 2

B♭   F/A Gm7   F B♭/F F
Is the kind - ness we count upon
      E♭ A♭/E♭ E♭
Hidden in every - one?
      B♭/D   Gm7
I stood there in the salt spray air—
     Cm7   E♭/F   B♭ Cm7 B♭/D
Felt the wind sweeping over my face
   E♭   E♭/B♭   B♭/D   Gm7
Ran up through the rocks to the old wooden cross,
    Cm7   E♭/F   B♭add9 E♭/B♭ B♭ E♭/F
It's a place where I can find some peace.

Verse 3

B♭ F/A   Gm Gm/F
Nar - row day - light
E♭*   B♭add9 E♭/B♭
 Entered my   room,
B♭ F/A Gm Fsus4 E♭* A♭/E♭ E♭*
Shin - ing hours were brief,
B♭   F/A
Winter is over,
E♭*   B♭
Summer is near
E♭/B♭   B♭ F   E♭* A♭/E♭ E♭*| E♭* A♭/E♭ | E♭* ‖
Are we strong - er than we believe?————

5

Who Painted The Moon Black?

Words & Music by
Sonia Aletta Nel

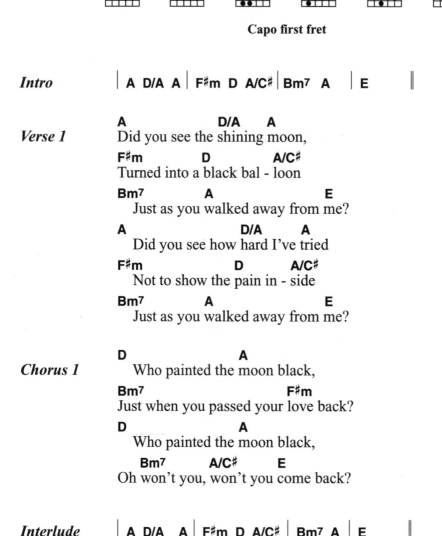

Capo first fret

Intro

| A D/A A | F#m D A/C# | Bm7 A | E ||

Verse 1

A   D/A   A
Did you see the shining moon,

F#m   D   A/C#
Turned into a black bal - loon

Bm7   A   E
Just as you walked away from me?

A   D/A   A
Did you see how hard I've tried

F#m   D   A/C#
Not to show the pain in - side

Bm7   A   E
Just as you walked away from me?

Chorus 1

D   A
Who painted the moon black,

Bm7   F#m
Just when you passed your love back?

D   A
Who painted the moon black,

   Bm7   A/C#   E
Oh won't you, won't you come back?

Interlude

| A D/A A | F#m D A/C# | Bm7 A | E ||

Verse 2

     A   D/A   A
It must have been the darkest night,

  F♯m   D   A/C♯
  Not even a star in sight,

  Bm7   A   E
  Just as you walked away from me now.

Chorus 2   As Chorus 1

Chorus 3   As Chorus 1

Interlude 2   Who painted the moon?   F♯m | D F♯m E | D F♯m | D F♯m E |

                     | D |

Verse 3

  A   D/A   A
Did you see the shining moon,

  F♯m   D   A/C♯
Turned into a black bal - loon,

  Bm7   A   E
  Just as you walked away from me?

Chorus 4   As Chorus 1

Chorus 5   As Chorus 1

                  A
Who painted the moon?

The First Cut Is The Deepest

Words & Music by
Cat Stevens

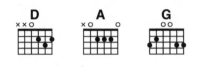

Intro | D | A | D | A   ‖

Verse 1

                       D   A   G   A
I would have given you all of my heart,

              D   A   G   A
But there's someone who's torn it a - part.

            D   A   G   A
And he's taken just all that I have,

                     D   A   G
But if you want I'll try to love a - gain,

A   D   G   A
Baby I'll try to love again but I know

Chorus 1

D   A   G
   The first cut is the deepest,

A   D
Baby I know.

        A   G   A
The first cut is the deepest,

            D   A   G   A
But when it comes to being lucky he's first,

            D   G   A
When it comes to loving me he's worst.

Verse 2

           D   A   G   A
I still want you by my side,

           D   A   G   A
Just to help me dry the tears that I've cried.

           D   A   G   A
And I'm sure gonna give you a try,

               D   A G A
If you want I'll try to love a - gain, try,

             D   G   A
Baby I'll try to love a - gain but I know

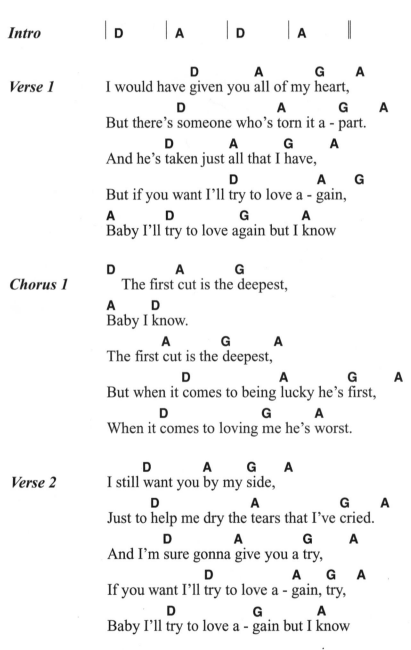

Chorus 2   As Chorus 1

Guitar solo   ‖: D G   │ A   │ D G   │ A   :‖

                  D   **A**   **G**   **A**

Verse 3   I still want you by my side,

                  D   **A**   **G**   **A**

Just to help me dry the tears that I've cried.

                    D   **A**   **G**   **A**

But I'm sure gonna give you a try,

                                  D   **A**   **G**

'Cause if you want I'll try to love a - gain

A   **D**   **G**   **A**

Baby I'll try to love a - gain but I know

              D   **A**   **G**

Chorus 3   Oh   the first cut is the deepest,

A

Baby I know.

D   **A**   **G**   **A**

  The first cut is the deepest,

                D   **A**   **G** **A**

But when it comes to being lucky he's first,

                D   **G**   **A**

But when it comes to loving me he's worst.

       D   **G**   **A**

Oh   the first cut is the deepest,

Baby I know

D   **G**   **A**

  The first cut is the deepest,

              D

Try to love a - gain.

Angel

Words & Music by
Sarah McLachlan

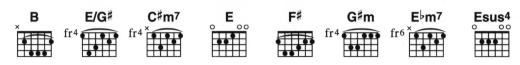

B   **E/G♯**   **C♯m7**   **E**   **F♯**   **G♯m**   **E♭m7**   **Esus4**

Capo 2nd fret

Intro | B | E/G♯ | B | E/G♯   ‖

Verse 1
                      C♯m7
Spend all your time waiting,
      E
For that second chance,
     B   **E/G♯**   **F♯**
For a break that would make it o - k.
                C♯m7
There's always some reason,
      E
To feel not good enough,
     B   **E/G♯**   **F♯**
And it's hard at the end of the day.
           C♯m
I need some dis - traction
     E
Oh, beautiful release,
B   **E/G♯**   **F♯**
Memories seep from my veins.
         C♯m
That may be empty,
     E
Oh, and weightless and maybe,
     B   **E/G♯**   **F♯**
We'll find some peace to - night.

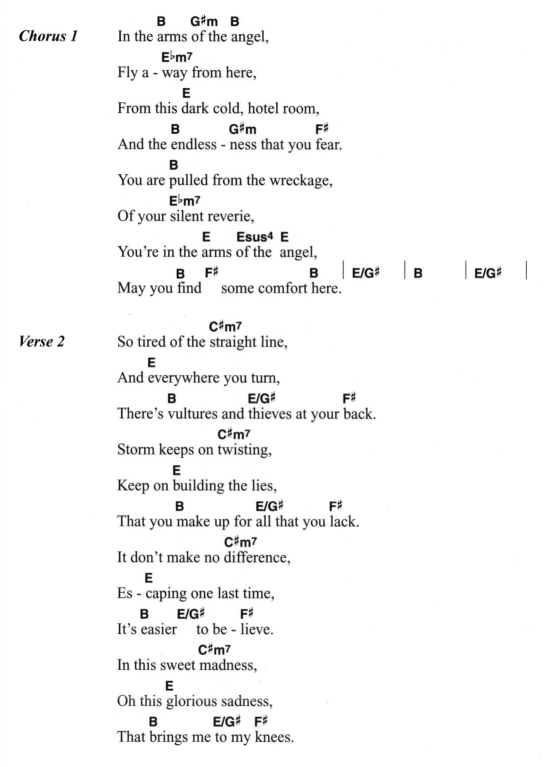

Chorus 1

     B   **G♯m** **B**
In the arms of the angel,

      E♭m7
Fly a - way from here,

         E
From this dark cold, hotel room,

      B   **G♯m**   **F♯**
And the endless - ness that you fear.

       B
You are pulled from the wreckage,

      E♭m7
Of your silent reverie,

        E   **Esus4** **E**
You're in the arms of the angel,

     B   **F♯**   **B** | **E/G♯** | **B** | **E/G♯** |
May you find   some comfort here.

Verse 2

           C♯m7
So tired of the straight line,

     E
And everywhere you turn,

      B   **E/G♯**   **F♯**
There's vultures and thieves at your back.

        C♯m7
Storm keeps on twisting,

      E
Keep on building the lies,

      B   **E/G♯**   **F♯**
That you make up for all that you lack.

        C♯m7
It don't make no difference,

      E
Es - caping one last time,

    B   **E/G♯**   **F♯**
It's easier   to be - lieve.

        C♯m7
In this sweet madness,

      E
Oh this glorious sadness,

    B   **E/G♯** **F♯**
That brings me to my knees.

Chorus 2

    B
In the arms of the angel,

    E♭m7
Fly a - way from here,

      E
From this dark, cold, hotel room,

  B   **G♯m**   **F♯**
And the endless - ness that you fear.

  B
You are pulled from the wreckage,

  E♭m7
Of your silent reverie,

      E   **Esus4 E**
You're in the arms of the angel,

  B **G♯m** **F♯**   **B**
May you find   some comfort here.

      E   **Esus4 E**
You're in the arms of the angel

  B **G♯m** **F♯**   **B** | **E/G♯** |
May you find   some comfort here.

| **B** | **E/G♯** | **B** | **E/G♯** | **B** |

I Try

Words by Macy Gray
Music by Macy Gray, Jeremy Ruzumna, Jinsoo Lim & David Wilder

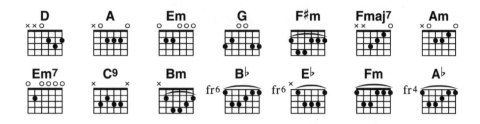

Verse 1

     D   **A**
Games, changes and fears,

               Em
When will they go from here?

          N.C.
When will they stop?

              D
I believe that fate,

              A
Has brought us here,

                   Em
And we should be to - gether babe,

But we're not.

G   **F♯m**
  I play it off but I'm dreaming of you,

Em   **A**
  And I'll keep my cool but I'm fiendin'

Chorus 1

                 D
I try to say good - bye and I choke,

           A
I try to walk a - way and I stumble,

           Em
Though I try to hide it, it's clear,

       G   **A**
My world crumbles when you are not near.

      D
Good - bye and I choke,

           A
I try to walk a - way and I stumble,

           Em
Though I try to hide it, it's clear,

       G   **A**
My world crumbles when you are not near.

Verse 2

D   **A**
  I may appear to be free,

            Em
Though I'm just a prisoner,

Of your love,

N.C.   **D**
And I may seem al - right,

            A
And smile when you leave,

           Em
But my smiles are just a front,

Just a front.

Hey!

G   **F♯m**
And I play it off but I'm dreamin' of you

Em   **A**
And I'll keep my cool but I'm fiendin'

Chorus 2   As Chorus 1

Middle

Fmaj⁷   Am

Here is my con - fession

             Fmaj⁷

May I be your pos - session?

         Em⁷

Boy, I need your touch,

           C⁹

Your love kisses, and such,

         Bm

With all my might I try,

        Em

But this I can't de - ny, deny.

G   F♯m

I play it off but I'm dreamin' of you

Em   A

And I'll keep my cool but I'm fiendin'

Chorus 3

   B♭   E♭

‖: I try to say good - bye and I choke,

     B♭

I try to walk a - way and I stumble,

       Fm

Though I try to hide it, it's clear,

      A♭   B♭

My world crumbles when you are not near.

    E♭

Good - bye and I choke,

     B♭

I try to walk a - way and I stumble,

       Fm

Though I try to hide it, it's clear,

     A♭   B♭

My world crumbles when you are not near. :‖ *Repeat chorus to fade*

Walk On By

Words by Hal David
Music by Burt Bacharach

Am7   D   Gm7   Dm7   B♭maj7   C   Fmaj7   B♭add#11

Intro | Am7 | Am7   ‖

Verse 1
Am7
If you see me walking down the street
      D   Am7 D   Am7
And I start to cry   each time we meet
D   Gm7 Am7   Gm7
Walk on by,   walk on by.
Am7
Make believe
      Dm7
That you don't see the tears,
      Am7   B♭maj7
Just let me grieve in private
                        C   Fmaj7
'Cause each time I see you, I break down and cry.

Chorus 1
B♭add#11   Fmaj7   B♭add#11
   Walk on by   (don't stop),
              Fmaj7   B♭add#11
Walk on by (don't stop),
              Fmaj7
Walk on by. _____

Verse 2
Am7
I just can't get over losing you
      D   Am7 D   Am7
And so if I seem broken in two
D   Gm7 Am7   Gm7
Walk on by,   walk on by.

cont.

Am⁷
Foolish pride,

Dm⁷　　　　　　　　　　**Am⁷**
That's all that I have left, so let me hide

B♭maj⁷　　　　　　　　　**C**
The tears and the sadness you gave me

　　　　　　　　　Fmaj⁷　**B♭add♯4**
When you said goodbye. _____

Chorus 2

　　　　　　　Fmaj⁷　**B♭add♯11**
Walk on by (don't stop),

　　　　　　　Fmaj⁷　**B♭add♯11**
Walk on by (don't stop),

　　　　　　　Fmaj⁷　**B♭add♯11**
Walk on by　(don't stop),

So walk (on.)

Link

| **Am⁷** | **Am⁷ D** | **Am⁷ D** | **Am⁷ D** | **Am⁷ D** ‖

on. _____

Verse 3

Am⁷　　　　**Gm⁷ Am⁷**　　　**Gm⁷**
　Walk on by,　　　walk on by,

Am⁷
Foolish pride,

　　Dm⁷　　　　　　　　　　**Am⁷**
That's all that I have left, so let me hide

　B♭maj⁷　　　　　　　　　**C**
The tears and the sadness you gave me

　　　　　　　　　Fmaj⁷　**B♭add♯11**
When you said goodbye. _____

Chorus 3

　　　　　　　Fmaj⁷　**B♭add♯11**
Walk on by (don't stop),

　　　　　　　　Fmaj⁷　**B♭add♯11**
So walk on by (don't stop),

　　　　　　　　　　　　　　Fmaj⁷　　　　**B♭add♯11**
Now you really gotta go so walk on by　(don't don't stop),

　　　　　　　　　　　　　　　Fmaj⁷　　　　**B♭add♯11**
Baby leave me, never see the tears I cry　(don't, don't stop),

　　　　　　　　　　　　　　Fmaj⁷　　　　**B♭add♯11**
Now you really gotta go so walk on by　(don't, don't stop).

Love And Affection

Words & Music by
Joan Armatrading

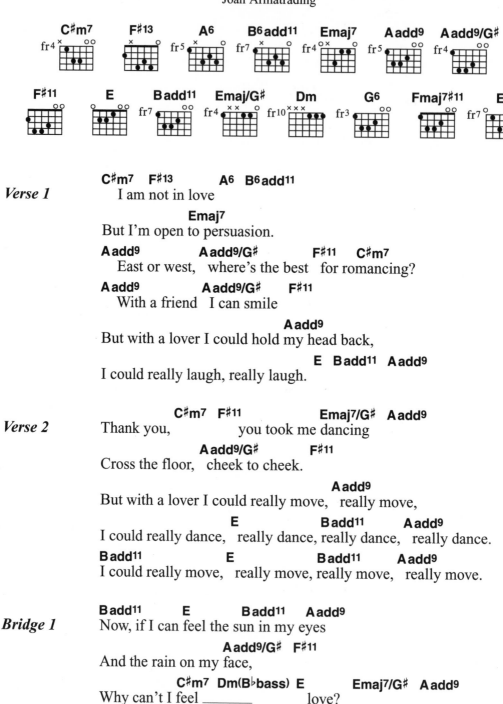

Verse 1

       C#m7   F#13   A6 B6add11
    I am not in love

                Emaj7
But I'm open to persuasion.

  Aadd9   Aadd9/G#   F#11   C#m7
   East or west, where's the best for romancing?

  Aadd9   Aadd9/G#   F#11
   With a friend I can smile

                            Aadd9
But with a lover I could hold my head back,

                         E Badd11 Aadd9
I could really laugh, really laugh.

Verse 2

            C#m7 F#11   Emaj7/G# Aadd9
Thank you,   you took me dancing

             Aadd9/G#   F#11
Cross the floor, cheek to cheek.

                      Aadd9
But with a lover I could really move, really move,

                E   Badd11   Aadd9
I could really dance, really dance, really dance, really dance.

Badd11   E   Badd11   Aadd9
I could really move, really move, really move, really move.

Bridge 1

Badd11   E   Badd11 Aadd9
Now, if I can feel the sun in my eyes

                 Aadd9/G# F#11
And the rain on my face,

           C#m7 Dm(B♭bass) E   Emaj7/G# Aadd9
Why can't I feel _____   love?

Verse 3

Badd11   E   Badd11   Aadd9
I can really love, really love, really love,

        Badd11
Really love, really love,

E   Badd11 Aadd9
Love, love, love, love,   love, love, love, love.

Badd11   E   Emaj7/G♯ Aadd9   Badd11   E Aadd9 Badd11
Now I got all _____ the friends that I want,

E   Badd11 Aadd9   Badd11
I may need more,   but I shall just stick

          E   Badd11 Aadd9 Badd11
To those things that I have got.

Bridge 2

Aadd9   Badd11   Aadd9 (C♯bass)
  With friends I still feel so insecure.

                    Badd11 (D♯bass) Aadd9/E
Little darling, I believe you could help me a lot.

                Badd11 (F♯bass)   Aadd9/E
Just take my hand and lead me where you will,

             Badd11 (F♯bass)
No conversation, no wave goodnight.

Chorus 1

E   Emaj7/G♯ Aadd9   Badd11 E
  Just make love _____ with affection,

                    Emaj7/G♯
Sing me another love song but

Aadd9   Badd11
This time with a little dedication.

     E   Badd11 Aadd9
Sing it, sing it,

              Badd11
You know that's what I like.

E Badd11 Aadd9   Badd11
          Once more with feeling

    G6   F♯11 Fmaj7♯11   E5
Give me love, give me love, give me love,   love.

Sax solo ‖: E Badd11 | Aadd9 Badd11 :‖ *Play 3 times*

        | G6 | F♯11 | Fmaj7♯11 | E5   ‖

19

Chorus 2

     E   Badd11 Aadd9   Badd11   E
     Make love _____ with affection,

                             Badd11
Sing me another love song but

Aadd9   Badd11
This time with a little dedication.

               E   Badd11 Aadd9
Sing it, sing it,

                      Badd11
You know that's what I like.

     E   Badd11 Aadd9   Badd11 E
Lover, oh, ooh,   once more with feeling.

                         Badd11
Sing me another love song but

Aadd9   Badd11
This time with a little dedication.

               E   Badd11 Aadd9
Sing it, sing it,

                      Badd11
You know that's what I like.

E   Badd11 Aadd9   Badd11
Lover, oh, ooh,   with affection.

E   Badd11 Aadd9   Badd11
Oh, ooh,   with a little dedication.

E   Badd11 Aadd9   Badd11
Lover, oh, ooh,   once more with feeling.

E   Badd11 Aadd9   Badd11
Oh, ooh,   you know that's what I like.

E   Badd11 Aadd9 Badd11 E
Lover, oh, ooh,   oh, ooh.

Luka

Words & Music by
Suzanne Vega

| E | Bsus4 | Asus2 | C#m7 | Aadd9 | B |

Capo second fret

Intro
| E | Bsus4 | Asus2 | Bsus4 |

||: C#m7 | Bsus4 :||: Aadd9 | Bsus4 :||

Verse 1

E   **Bsus4**
My name is Luka,

Asus2   **Bsus4**
I live on the second floor,

E   **Bsus4**
I live upstairs from you

Asus2   **Bsus4**
Yes I think you've seen me before.

C#m7   **Bsus4**
If you hear something late at night

C#m7   **Bsus4**
Some kind of trouble

        Aadd9
Some kind of fight,

     Bsus4
Just don't ask me what it was,

Aadd9   **Bsus4**
Just don't ask me what it was,

Aadd9   **Bsus4**
Just don't ask me what it was.

Verse 2

E   **Bsus4**
I think it's 'cause I'm clumsy,

Aadd9   **Bsus4**
I try not to talk too loud,

E   **Bsus4**
Maybe it's because I'm crazy,

Aadd9   **Bsus4**
I try not to act too proud.

C#m7   **Bsus4**   **C#m7**
They only hit   until you cry,

cont.

     Bsus4   **Asus2**
After that   you don't ask why,

         Bsus4
You just don't argue anymore,

Asus2   **Bsus4**
  You just don't argue anymore,

Asus2   **Bsus4**
  You just don't argue anymore.

Instrumental | E | Bsus4 | Aadd9 | Bsus4 |

              | E | Bsus4 | Asus2 | Bsus4 |

Verse 3

E   **Bsus4**
  Yes I think I'm okay,

Aadd9   **Bsus4**
  I walked into the door again

E   **Bsus4**
  Well, if you ask that's what I'll say,

Aadd9   **Bsus4**   **C♯m7**
  And it's not your business anyway._____

        Bsus4
I guess I'd like to be alone

C♯m7   **Bsus4**   **Aadd9**
  With nothing broken, nothing thrown,

        Bsus4
Just don't ask me how I am,

Aadd9   **Bsus4**
  Just don't ask me how I am,

Aadd9   **Bsus4**
  Just don't ask me how I am.

Verse 4

E   **Bsus4**
  My name is Luka,

Asus2   **Bsus4**
  I live on the second floor

E   **Bsus4**
  I live upstairs from you

Asus2   **Bsus4**
  Yes I think you've seen me before.

C♯m7   **Bsus4**
  If you hear something late at night

C♯m7   **Bsus4**
  Some kind of trouble

          Aadd9
Some kind of fight,

cont.

        Bsus4
Just don't ask me what it was,

Aadd9   **Bsus4**
  Just don't ask me what it was,

Aadd9   **Bsus4**
  Just don't ask me what it was.

C♯m7   **Bsus4**   **C♯m7**
  They only hit   until you cry

       Bsus4   **Asus2**
And after that   you don't ask why

       Bsus4
You just don't argue anymore,

Asus2   **Bsus4**
  You just don't argue anymore,

Asus2   **Bsus4**
  You just don't argue anymore.

Outro

| E | Bsus4 | Asus2 | Bsus4 | |

| E | Bsus4 | Asus2 | Bsus4 | |

| C♯m | Bsus4 | Asus2 | Bsus4 | |

| E | ‖ |

Pretty Good Year

Words & Music by
Tori Amos

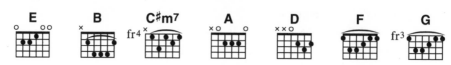

Capo second fret

Intro ‖: E B | C♯m7 A :‖

Verse 1

E   B   C♯m7 B
Tears on a sleeve of a man,

              E   B C♯m7 B
Don't wanna be a boy today.

  E   B   C♯m7 B
I heard the e - ternal foot - man,

             E   B C♯m7 B
Bought himself a bike to race.

      A
And Greg he writes letters,

     B
And burns his CDs,

     C♯m7
They say you were something,

       B
In those formative years.

   A
Oh hold on to nothing,

  B
As fast as you can,

E   B C♯m7 A   E
Well,   still   pretty good year

B C♯m7 A | E B | C♯m7 A |
Ah,   pretty good.

Verse 2

E   B   C♯m7
Maybe a bright sandy beach,

B
  Is gonna bring you back, back, back.

E   B   C♯m7
Maybe not so now you're off,

cont.

      E   B   C#m7
     You're gonna see A - meri - ca.

      B   E   B
      Well let me tell you something about

          E   A | N.C | E B |
      Ame, me, me, me, me, me, me, me, me, A - merica,

      C#m7 A   E   B
           Pretty good year,

      C#m7 A   E B | C#m7 A
      Ah,   pretty good.

Middle

      A   B
      Something's are

      C#m7   A
      Melting now.

      A   B
      Something's are

      C#m7   A
      Melting now.

           D | F
      Well, hey,

      G   D
       What's it gonna take,

            F   G
      Till my baby's al - right?

                      D
      What's it gonna take,

            F   G
      Till my baby's al - right?

Link 1   ‖: E B | C#m7 A :‖

Verse 3

      E
      Greg he writes letters,

          A
      With his birthday pen.

             C#m7   B
      Some - times he's aware that they're drawing him in.

      E
      Lucy was pretty,

          B
      Your best friend agreed,

      E   B   C#m7 A   E
      Well,   still   pretty good year,

      B   C#m7 A   E
       Ah,   pretty good,

      B C#m7 A
       Ah,   pretty good year.

How Do I Live

Words & Music by
Diane Warren

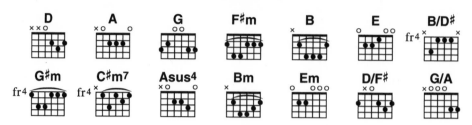

Intro

| D A | G F#m | D A | G A ‖

Verse 1

    B   **E**   **B/D#**
How do I get through a night without you,

            F#m
If I had to live without you,

            B
What kind of life would that be?

        E   **B/D#**
Oh I, I need you and my arms need you to hold,

           A
You're my world, my heart, my soul,

    G#m   **C#m7**
If you ever leave,

F#m   **G#m**   **C#m7**
Baby you would take away everything good in my life,

Asus4   **D**
   And tell me now

Chorus 1

         A   **G**
How do I live with - out you?

F#m   **A**
I want to know?

D   **A**   **G**
   How do I breathe with - out you?

F#m   **Bm**
If you ever go?

          Em
How do I ever,

D/F♯   **G**
Ever sur - vive?

        G/A
How do I,   how do I

           D   **A**
Oh how do I live?

Verse 2   **B**   **E**
Without you,

          B/D♯
There'd be no sun in my sky,

           F♯m
There would be no love in my life

           B
There'd be no world left for me.

    E   **B/D♯**
And I, well baby I don't know what I would do,

    A
I'd be lost if I lost you,

  G♯m   **C♯m7**
If you ever leave,

F♯m   **G♯m**   **C♯m7**
Baby you would take away everything real in my life,

Asus4   **D**
   And tell me now.

Chorus 2   **A**   **G**
How do I live with - out you?

F♯m **A**
I want to know?

D   **A**   **G**
  How do I breathe with - out you?

  F♯m   **Bm**
If you ever go?

        Em
How do I ever,

D/F♯   **G**
Ever sur - vive?

        G/A
How do I,   how do I

         Bm **F♯m**
Oh how do I live?

Bridge

Em
   Please tell me baby
Bm   F♯m

B
   How do I go on?
  G♯m   C♯m⁷
If you ever leave,
     F♯m
Well baby you would take away everything
  G♯m   C♯m⁷
I need you with me,
F♯m
Baby don't you know that you're everything
G♯m   C♯m⁷
Good in my life.
Asus⁴   D
   And tell me now

      A   G
How do I live with - out you?
F♯m A
I want to know.
D   A   G
   How do I breathe with - out you?
  F♯m   Bm
If you ever go?
        Em
How do I ever,
D/F♯   G
Ever sur - vive?
        G/A
How do I,   how do I

Outro

          D   A
‖: Oh how do I live?
        G   F♯m
(How do I live)
       D   A   G   F♯m
How do I live with - out you?
       D   A   G   F♯m
How do I live with - out you baby? :‖

Repeat outro ad lib.

This Shirt

Words & Music by
Mary-Chapin Carpenter

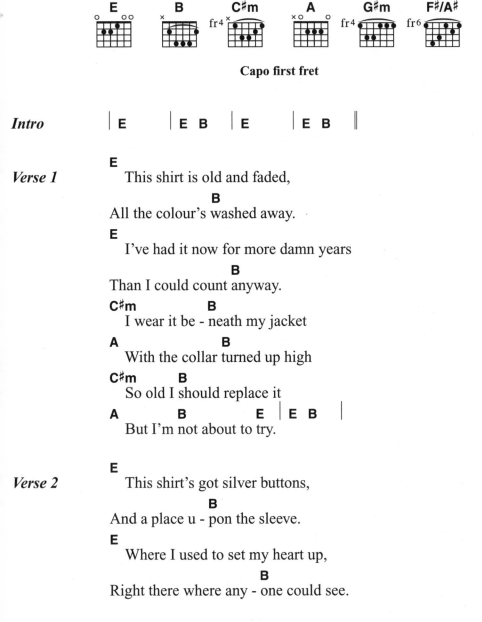

Capo first fret

Intro | E | E B | E | E B ‖

Verse 1

    E
    This shirt is old and faded,
          B
All the colour's washed away.
    E
    I've had it now for more damn years
              B
Than I could count anyway.
C♯m   **B**
    I wear it be - neath my jacket
A   **B**
    With the collar turned up high
C♯m   **B**
    So old I should replace it
A   **B**   **E** | **E B** |
    But I'm not about to try.

Verse 2

    E
    This shirt's got silver buttons,
         B
And a place u - pon the sleeve.
    E
    Where I used to set my heart up,
          B
Right there where any - one could see.

C#m   B
This shirt is the one I wore
  A   B
To every boring high - school dance.
C#m   B
Where the boys ig - nored the girls,
    A   B   E | E B |
And we all pretended to like the band.

Middle

  G#m   A   E
This shirt was a pillow for my head,
          B
On a train through Italy.
  G#m   A   E   B
This shirt was a blanket beneath love me made in Argeles,
  G#m   A   E
This shirt was lost for three whole days,
      B
In a town near Buffalo.
C#m   B   F#/A#   B
Till found the locker key in a downtown Trailways bus
       E | E B | E | E B |
de - pot.

Verse 3

E
This shirt is the one I lent you,
     B
And when you gave it back.
E
It had a rip inside the sleeve
       B
Where you rolled your cigarettes.
C#m   B
It was the place I put my heart,
 A   B
Now look at where you've put a tear.
C#m   B
I forgave your thoughtlessness,
 A   B
But not the boy who put it there.

Verse 4

G#m   A
This shirt was the place your cat

    E   B
De - cided to give birth to five.

G#m   A
And we stayed up all night watching,

E   B
And we wept when the last one died.

G#m   A   E   B
This shirt is just an old, faded piece of cotton

C#m   B   F#/A#   B
Shining like the memories   inside   those silver

       E | E | E B | E | E B |
       buttons.

Verse 5

E
This shirt is a grand old relic,

            B
With a grand old history.

E
I wear it now for Sunday chores,

            B
Cleaning house and raking leaves.

C#m   B
I wear it be - neath my jacket,

A   B
With the collar turned up high.

C#m   B
So old I should replace it,

A   B   E | E B |
But I'm not about to try.

Outro   ‖: E | E B :‖ *Repeat outro to fade*

4th Of July

Words & Music by
Aimee Mann

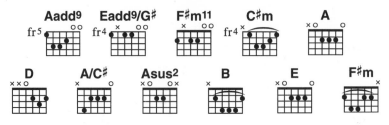

Capo first fret

Intro   ‖: Aadd9 │Eadd9/G♯│ Aadd9 │ Aadd9 │

     │ F♯m11 │Eadd9/G♯│ Aadd9 │ Aadd9 :‖

Verse 1

Eadd9/G♯   C♯m   A
Today's the forth of Ju - ly,

Eadd9/G♯   C♯m   A
Another June has gone by,

Eadd9/G♯   C♯m   D
And when they light up our town,

       A/C♯   F♯m11   Eadd9/G♯   Asus2
I just think what a waste of gun - powder and sky.

│ F♯m11 │Eadd9/G♯│ Aadd9 │ Aadd9 │

Verse 2

Eadd9/G♯   C♯m   A
I'm certain I am a - lone,

Eadd9/G♯   C♯m   A
And harbouring thoughts of our home.

Eadd9/G♯   C♯m   D   A/C♯
It's one of my faults that I can't quell my past,

 F♯m11   Eadd9/G♯ A
I ought to have gotten it   gone.

 F♯m11   Eadd9/G♯ A
I ought to have gotten it...

Chorus 1

B   Asus2 E   C#m   F#m
    Oh baby, I wonder if when you were older,

B   A
Some - day,

B   Asus2
You'll wake up

   E   C#m   F#m
And say "My God I should have told her,

B   A
What would it take?

B   Asus2   E   C#m   F#m   B   A
But now here I am and the world's gotten colder.

              Eadd9/G#   Aadd9 | Aadd9 |
And she's got the river down which I sold her."

Interlude | **Aadd9** | **Aadd9** |**Eadd9/G#**| **Aadd9** |

            | **Aadd9** | **Aadd9** | **Aadd9** ‖

Verse 3

G#m7   C#m   A
    So that's to - day's memory lane,

G#m7   C#m   A
    With all the pathos and the pain.

G#m7   C#m   D   A   F#m11
    Another chapter in a book where the chapters are endless,

        Eadd9/G# A
And they're always the same.

   F#m11   Eadd9/G#   A
A verse and a verse and ref - rain.

Chorus 2   As Chorus 1

    | **Aadd9** | **Aadd9** |

              Eadd9/G#   A
"Yes, she's got the river down which I sold her."

Come Away With Me

Words & Music by
Norah Jones

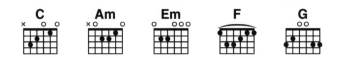

Intro   ‖: C | Am | C | Am :‖

Verse 1

    C   Am   C   Am
Come a - way with me in the night

    C   Am   Em   F   C   G
Come a - way with me and I will write you a song.

    C   Am   C   Am
Come a - way with me on a bus

    C   Am   Em F   C
Come a - way where they can't tempt us with their lies.

Bridge 1

    G   F   C
And I wanna walk with you   on a cloudy day,

    G   F   C
In fields where the yellow grass grows knee high

               G   C
So won't you try to come?

Verse 2

$\quad\quad\quad\quad$**Am**$\quad\quad\quad\quad\quad\quad\quad$**C**
Come a - way with me and we'll kiss,

$\quad\quad\quad\quad$**Am**
On a mountain top.

C$\quad\quad\quad$**Am**$\quad\quad\quad\quad$**Em**
$\quad$Come a - way with me and I'll

$\quad\quad\quad\quad$**F**$\quad\quad\quad\quad$**C**$\quad\quad\quad$**G**
Never stop loving you.

Guitar solo

‖: **C** $\quad$| **Am** $\quad$| **C** $\quad$| **Am** $\quad$| **C** $\quad\quad$|
$\quad\quad\quad\quad\quad\quad\quad\quad\quad\quad\quad\quad\quad\quad$⌐1.$\quad\quad$⌐2.
| **Am** $\quad$| **Em** $\quad$| **F** $\quad$| **C** $\quad$| **G** $\quad$:‖ **C** $\quad$|

Bridge 2

G$\quad\quad\quad\quad\quad\quad$**F**
$\quad$And I wanna wake up,

$\quad\quad\quad\quad$**C**
With the rain falling on a tent roof.

G$\quad\quad\quad\quad$**F**$\quad\quad\quad\quad\quad\quad$**C**
$\quad$While I'm safe there in your arms,

$\quad\quad\quad$**G**$\quad\quad$**C**$\quad\quad\quad\quad$**Am**$\quad\quad\quad\quad\quad\quad$**C**$\quad\quad$**Am**
All I ask is for you to come a - way with me in the night,

C$\quad\quad\quad$**G**$\quad\quad\quad$**C**
$\quad$Come a - way with me.

Beguiling Eyes

Words & Music by
Stephen Fearing

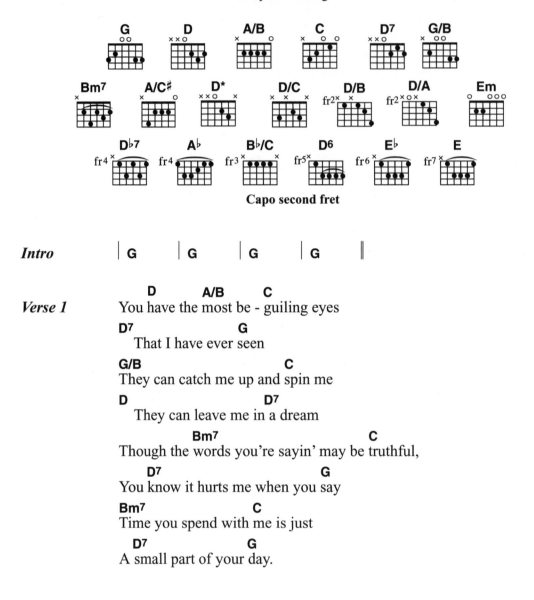

Capo second fret

Intro | G | G | G | G ‖

Verse 1

        D   A/B   C
You have the most be - guiling eyes
D7   G
  That I have ever seen
G/B   C
They can catch me up and spin me
D   D7
  They can leave me in a dream
           Bm7   C
Though the words you're sayin' may be truthful,
    D7   G
You know it hurts me when you say
Bm7   C
Time you spend with me is just
    D7   G
A small part of your day.

Chorus 1

Bm7   C
And it seems that I am the one

     D7   G
Who always comes a-calling,

         A/B   A/C♯   D*   D/C D/B D/A
And I'm asking you a - way from all your friends.

        Bm7   Em
And I'm waiting for the sound

      D7   G
Of your step outside my door

       Bm7   C
When the sun goes down,

     D7   G
And the evening ends.

Verse 2

     G A/B C
I have al - ways thought

D7   G
  That the future's what you make it,

     G/B   C
And I've always been taught

     D   D7
That my actions were my own.

     Bm7   C
So tell me how can you say,

    D7   G
That to give without re - ceiving

Bm7   C
Is bound to leave my heart,

    D7   G
Just like a piece of molten stone.

Chorus 2   As Chorus 1

Chorus 3   As Chorus 1

Outro

D♭7   A♭   B♭/C D♭7 D6
  You have the most be - guiling eyes

   E♭   E
That I have ever seen.

Angel Rays

Words & Music by
Stephen Endelman

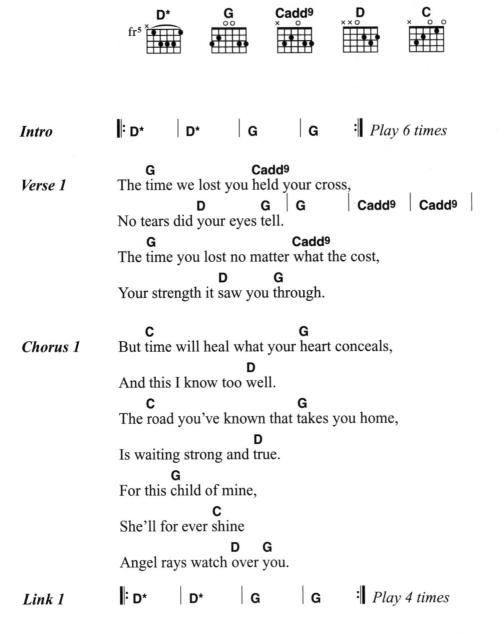

Intro   ‖: D* | D* | G | G :‖ *Play 6 times*

Verse 1
        G   **Cadd9**
The time we lost you held your cross,
             D   **G** | **G** | **Cadd9** | **Cadd9** |
No tears did your eyes tell.
        G   **Cadd9**
The time you lost no matter what the cost,
            D   **G**
Your strength it saw you through.

Chorus 1
        C   **G**
But time will heal what your heart conceals,
            D
And this I know too well.
        C   **G**
The road you've known that takes you home,
            D
Is waiting strong and true.
        G
For this child of mine,
         C
She'll for ever shine
         D **G**
Angel rays watch over you.

Link 1   ‖: D* | D* | G | G :‖ *Play 4 times*

Chorus 2   As Chorus 1

               G

For this child of mine,

                   C

She'll for ever shine

                         D   **G**

Angel rays watch over you.

Link 2 |: **D*** | **D*** | **G** | **G**   :|

                D*   **G**   **D***   **G**

Outro   Angel rays,

                D*   **G**   **D***   **G**

Angel rays,

                D*   **G**   **D***   **G**

Angel rays,

                D*   **C**

Angel rays

       C   **G**

     Watch over you.

If I Fall

Words & Music by
Alice Martineau

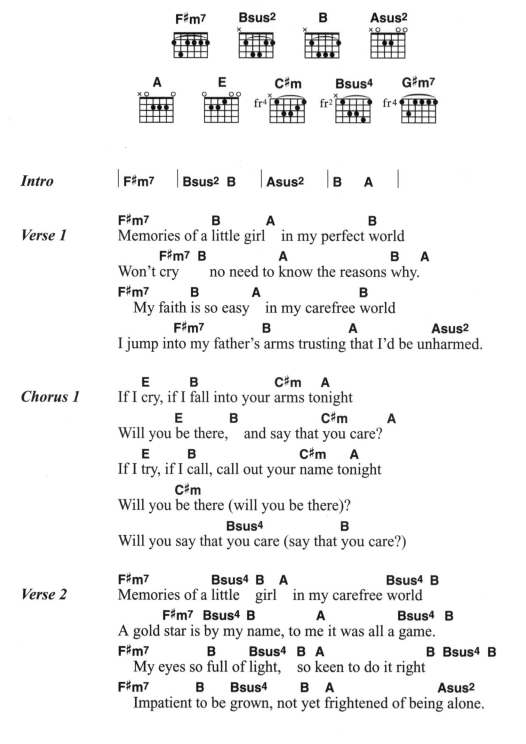

Intro | F♯m7 | Bsus2 B | Asus2 | B A |

Verse 1

F♯m7   B   A   B
Memories of a little girl   in my perfect world
        F♯m7 B   A   B A
Won't cry   no need to know the reasons why.
F♯m7   B   A   B
  My faith is so easy in my carefree world
        F♯m7   B   A   Asus2
I jump into my father's arms trusting that I'd be unharmed.

Chorus 1

      E   B   C♯m   A
If I cry, if I fall into your arms tonight
         E   B   C♯m   A
Will you be there,   and say that you care?
     E   B   C♯m   A
If I try, if I call, call out your name tonight
       C♯m
Will you be there (will you be there)?
            Bsus4   B
Will you say that you care (say that you care?)

Verse 2

F♯m7   Bsus4 B A   Bsus4 B
Memories of a little   girl in my carefree world
        F♯m7 Bsus4 B   A   Bsus4 B
A gold star is by my name, to me it was all a game.
F♯m7   B   Bsus4 B A   B Bsus4 B
  My eyes so full of light, so keen to do it right
F♯m7   B   Bsus4   B A   Asus2
  Impatient to be grown, not yet frightened of being alone.

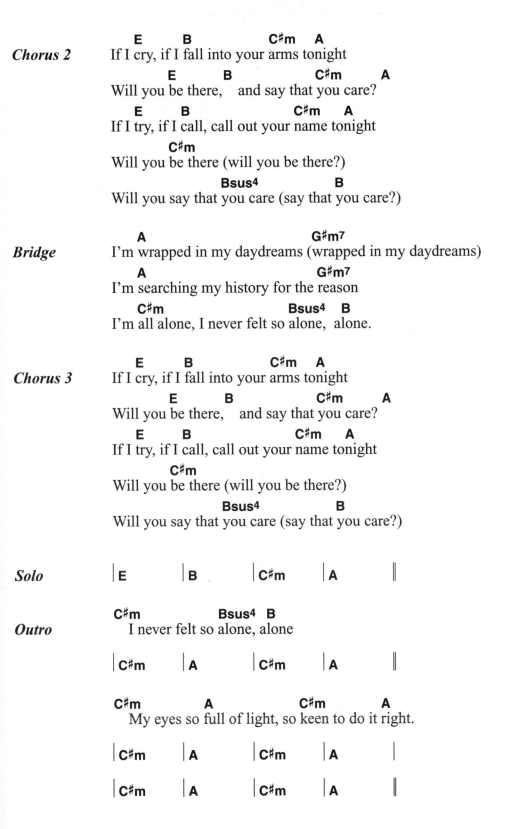

Chorus 2

        E   B   C#m   A
If I cry, if I fall into your arms tonight
             E   B   C#m   A
Will you be there,   and say that you care?
        E   B   C#m   A
If I try, if I call, call out your name tonight
              C#m
Will you be there (will you be there?)
                  Bsus4   B
Will you say that you care (say that you care?)

Bridge

         A   G#m7
I'm wrapped in my daydreams (wrapped in my daydreams)
         A   G#m7
I'm searching my history for the reason
        C#m   Bsus4 B
I'm all alone, I never felt so alone, alone.

Chorus 3

        E   B   C#m   A
If I cry, if I fall into your arms tonight
             E   B   C#m   A
Will you be there,   and say that you care?
        E   B   C#m   A
If I try, if I call, call out your name tonight
              C#m
Will you be there (will you be there?)
                  Bsus4   B
Will you say that you care (say that you care?)

Solo | E | B | C#m | A ||

Outro

   C#m   Bsus4 B
     I never felt so alone, alone

| C#m | A | C#m | A ||

   C#m   A   C#m   A
    My eyes so full of light, so keen to do it right.

| C#m | A | C#m | A |

| C#m | A | C#m | A ||

My Songbird

Words & Music by
Jesse Winchester

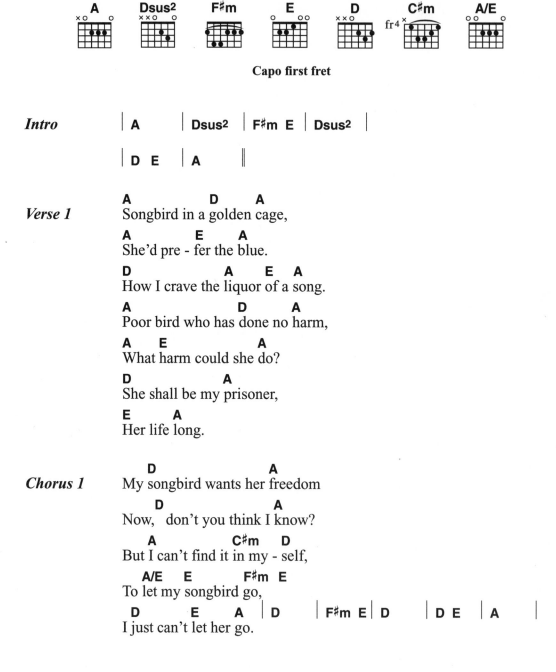

Capo first fret

Intro | A | Dsus2 | F#m E | Dsus2 |

| D E | A   ‖

Verse 1

A   D   A
Songbird in a golden cage,

A   E   A
She'd pre - fer the blue.

D   A   E A
How I crave the liquor of a song.

A   D   A
Poor bird who has done no harm,

A   E   A
What harm could she do?

D   A
She shall be my prisoner,

E   A
Her life long.

Chorus 1

        D   A
My songbird wants her freedom

        D   A
Now, don't you think I know?

     A   C#m   D
But I can't find it in my - self,

    A/E E   F#m E
To let my songbird go,

     D   E   A | D | F#m E | D | D E | A |
I just can't let her go.

Verse 2

```
        A                 D       A
Oh Lord, when your jewellers eye
A       E      A
Peers in - to my soul,
D              A      E         A
Oh Lord, I am over - come with shame.
A              D    A
Take me Lord and puri - fy,
A      E             A
Heal me with one word.
D        A      E         A
Oh I beg a gift I dare not claim.
```

Chorus 2

```
              D               A
My songbird wants her freedom
       D               A
Now,   don't you think I know?
      A           C♯m    D
But I can't find it in my - self,
    A/E     E        F♯m E
To let my songbird go,
    D        E  N.C. A │ D         │ F♯m  E │ Dsus2 ║
I just can't let her   go.
```

Chuck E's In Love

Words & Music by
Rickie Lee Jones

Intro ‖: A | A7 | A | A7 :‖

Verse 1

Amaj7 Bm7   Amaj7   Bm7   Amaj7   Bm7
How come he don't come and P.I.P with me

Amaj7   Bm7   Amaj7   Bm7
Down at the meter no more?

                Amaj7   Bm7
And how come he turn off the TV

Amaj7 Bm7   Amaj7   Bm7
And hang that sign on the door?

        A   D6   Dmaj7   A   D6   Bm7
Well, we call and we call,   "how come?" we say

                        Amaj7   Bm7   Amaj7 Bm7
"Hey, what could make a boy   behave this-a way?" yeah.

Amaj7   Bm7   Amaj7   Bm7
And he learned   all of the lines now

        Amaj7 Bm7   A   Bm7* Bm9
And every time   he don't s - s - stutter when he talks

Amaj7   Bm7 Amaj7   Bm7   Amaj7
And it's true! It's true!   He sure has acquired this kinda

Bm7   Amaj7   Bm7
Cool and inspired sort-a jazz   when he walks.

A   D6   A   D6   Bm7
Where's his jacket and his old blue jeans?

                                D/E
If this ain't healthy it is some kinda clean? I think that

Chorus 1

    A   Bm7*   Bm9 Bm7* D/E
      Chuck E's in love,

    A   Bm7*   Bm9 Bm7* D/E
Chuck E's in love,

    A   Bm7*   Bm9 Bm7* D/E
Chuck E's in love,

    A   Bm7* Dmaj7
Chuck E's in love.

Bridge 1

                                              C♯m7
I don't believe what you're saying to me

                    F♯13
This is something I've got to see

         A   A/G   F♯m   Faug
Is he here?   I look in on the pool hall

              A   A/G   F♯m   Faug
Well, is he here?   I look in the drugstore

         A   A♯dim   A/B   E
Is he here? "No, he don't come here no more."

Verse 2

Amaj7   Bm7   Amaj7 Bm7
    Well I'll tell you what,   I   saw him

Amaj7   Bm7   Amaj7   Bm7
    He was sittin'   behind us down at the Pantages

Amaj7   Bm7 Amaj7   Bm7   Amaj7   Bm7
And whatever is   that he's got up his   sleeve

            Amaj7   Bm7
Well I hope it isn't contagious.

A   D6 Dmaj7 A   D6
    What's her name?   Is that her there?

A   D6   Dmaj7 A   D6
    Oh, Christ I think he's even   combed his hair!

A   D6   Dmaj7 A   D6
    And is that her?   Well then, what's her name?

A   D6   Dmaj7 A   D6
    Oh, it's never gonna be the same.

A   D6 A   D6
    That's not her, I know what's wrong,

Bm7   D/E
    'Cause Chuck E's in love with the little girl who's singing this song!

And don't you know

	A Bm7* Bm9 Bm7* D/E
Chorus 2	Chuck E's in love,

A   Bm7*   Bm9 Bm7* D/E
Chuck E's in love,

A   Bm7*   Bm9 Bm7* D/E
Chuck E's in love,

A   Bm7*   Bm9 Bm7* D/E   A   Bm7* D/E
Chuck E's in,   Chuck E's in love,

                              A   Bm7* D/E   A
Chuck E's in love, he's in lo-o-ove   with me.

Outro | A | A7 | A | A7 | A | A7 | A | C13 | A   ‖

Now We Are Free
(from Gladiator)

Music by
Hans Zimmer, Lisa Gerrard & Klaus Badelt

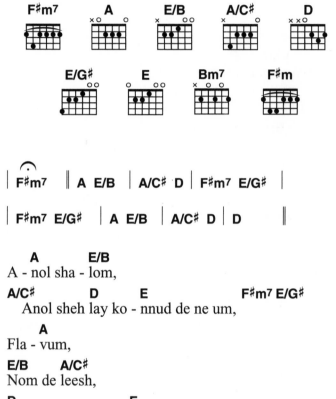

Intro | F♯m7 || A E/B | A/C♯ D | F♯m7 E/G♯ |

| F♯m7 E/G♯ | A E/B | A/C♯ D | D ||

Verse 1

    A   **E/B**
A - nol sha - lom,

A/C♯   **D**   **E**   **F♯m7 E/G♯**
  Anol sheh lay ko - nnud de ne um,

       A
Fla - vum,

E/B   **A/C♯**
Nom de leesh,

D   **E**
  Ham de nam um das,

      F♯m7 E/G♯
La um de,

   F♯m7
Flavne.

Chorus 1

Bm7   **E**
We de ze zu bu,

F#m   **D**
We de sooo a ru,

Bm7   **E**
Un va-a pesh a lay,

F#m
Un vi-I bee.

Bm7   **E**
Un da la pech ni sa,

F#m   **D**
Un di-I lay na day,

Bm7   **E**
Un ma la pech a nay,

F#m   **A**
Mee di nu ku.

Middle

Bm7
La da pa da le na da na,

A/C#   **D**
Ve da pa da le na la dumda.

E
La da pa da le na da na,

F#m7   **E/G#**
Ve da pa da le na la dumda.

A   **Bm7**
La da pa da le na da na,

A/C#   **D**
Ve da pa da le na la dumda.

E
La da pa da le na da na,

F#m7   **E/G#**
Ve da pa da le na la dumda.

Verse 2

    A   **E/B**
A - nol sha - lom,

  A/C♯ **D**   **E**
  A - nol sheh ley kon-nud de ne um.

     F♯m7   **E/G♯**
Fla - vum.

      A
Fla - vum.

   E/B **A/C♯**   **D**
M-ai   shondol-lee,

     E
Fla - vu.

    F♯m7 **E/G♯**
Lof flesh lay,

    F♯m7
Lof ne,

Bm7   **A/C♯**
Nom de lis,

       D   **E**
Ham de num um dass,

      F♯m7
La um de,

E/G♯   **A**
  Flavne.

Bm7
Flay,

A/C♯   **D**
  Shom de nomm,

    E   **F♯m7**
Ma-lun des,

E/G♯   **A**   **Bm7**
  Dwon - di.

 A/C♯   **D**
Dwoon - di,

E
Alas sharum du koos

         A
Shaley koot-tum.

The Closest Thing To Crazy

Words & Music by
Mike Batt

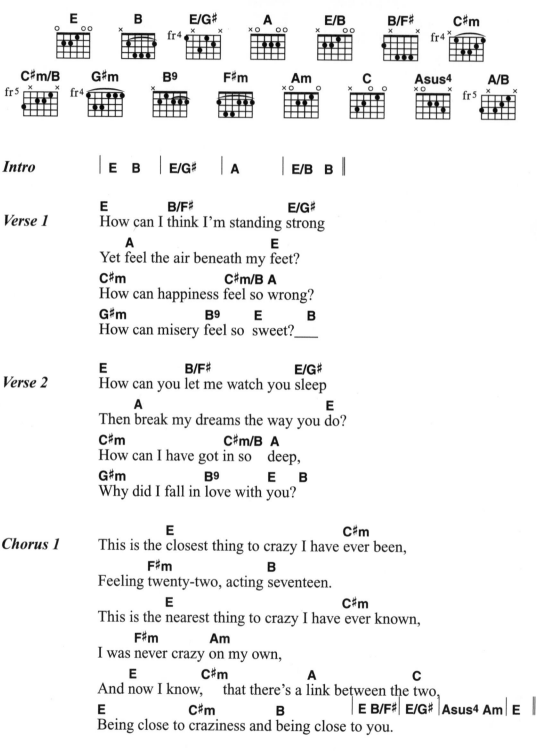

Intro

| E   B | E/G♯ | A | E/B   B ‖

Verse 1

E   B/F♯   E/G♯
How can I think I'm standing strong

      A   E
Yet feel the air beneath my feet?

C♯m   C♯m/B A
How can happiness feel so wrong?

G♯m   B9   E   B
How can misery feel so sweet?___

Verse 2

E   B/F♯   E/G♯
How can you let me watch you sleep

      A   E
Then break my dreams the way you do?

C♯m   C♯m/B A
How can I have got in so   deep,

G♯m   B9   E   B
Why did I fall in love with you?

Chorus 1

                E   C♯m
This is the closest thing to crazy I have ever been,

        F♯m   B
Feeling twenty-two, acting seventeen.

               E   C♯m
This is the nearest thing to crazy I have ever known,

        F♯m   Am
I was never crazy on my own,

       E   C♯m   A   C
And now I know,   that there's a link between the two,

E   C♯m   B | E B/F♯| E/G♯ |Asus4 Am| E ‖
Being close to craziness and being close to you.

Verse 3

 E   B/F♯   E/G♯
How can you make me fall a - part

    A   E
Then break my fall with loving lies?

 C♯m   C♯m/B A
It's so easy to break a heart,

 G♯m   B9   E B
It's so easy to close your eyes.

 E   B/F♯   E/G♯
Verse 4 How can you treat me like a child?

    A   E
Yet like a child I yearn for you.

 C♯m   C♯m/B A
How can anyone feel so wild?

 G♯m   B9 E B
How can anyone feel so blue?

       E   C♯m
Chorus 2 This is the closest thing to crazy I have ever been,

    F♯m   B
Feeling twenty-two, acting seventeen.

      E   C♯m
This is the nearest thing to crazy I have ever known,

    F♯m   Am
I was never crazy on my own,

    E   C♯m   A   C
And now I know, that there's a link between the two,

 E   C♯m   B |E C♯m |
Being close to craziness and being close to you,

 A   B   E C♯m
Outro   And being close to you,

 A   A/B   E
  And being close to you.

Night Ride Home

Words & Music by
Joni Mitchell

Csus2   **Am7**   **Dm7**   **G**   **Gsus4**   **F**

Intro
| Csus2 | Am7 | Dm7 | Dm7 |

| G | Gsus4 G | Csus2 | Csus2 ‖

Verse 1

Csus2   **Am7**
Once in a while in a big blue moon,

     Dm7
There comes a night like this.

          G
Like some sur - realist,

              Csus2
Invented this forth of Ju - ly,

Night ride home.

Verse 2

Csus2   **Am7**   **Dm7**
Hula girls and caterpillar tractors,

In the sand.

    G
The uku - lele man,

            Csus2
The fireworks, this forth of Ju - ly,

A night ride home.

Bridge 1

F
 I love the man beside me,

G   **Csus2**
 We love the open road.

F
 No phones till Friday,

G
 Far from the overkill,

Far from the overload.

Verse 3

Csus2
 Back at the bar,

  Am7
The band tears down

   Dm7
But out here in the headlight beams

     G
The silver power lines gleam

       Csus2
On this forth of Ju - ly,

Night ride home.

Verse 4

Csus2
Round the curve,

   Am7
And a big dark horse

  Dm7
Red tail lights on his hide

   G
Is keeping right alongside,

Rev for stride,

    Csus2
Forth of Ju - ly,

Night ride home.

Bridge 2

       F

    I love the man beside me,

G   Csus2

    We love the open road.

       F

    No phones till Friday,

G

Far from the undertow,

Far from the overload.

Verse 5

Csus2   Am7

    Once in a while in a big blue moon,

        Dm7

There comes a night like this.

               G

Like some sur - realist,

                 Csus2

Invented this forth of Ju - ly,

Night ride home.

Outro

           Csus2

‖: Night ride home,

         Csus2

Night ride home.   :‖ *Repeat outro to fade*

Don't Bring Me Down

Words & Music by
Blair MacKichan & Sia Furler

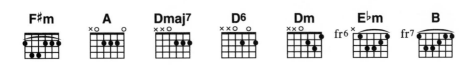

Intro ‖: F♯m | A | Dmaj⁷ | D⁶ :‖

Verse 1

　　　　F♯m　　　　A
　　Faint light of dawn,
　　　　　　Dmaj⁷
　　And I am listen - ing to you breathing,
　　　　　D⁶
　　In and   breathing out,
　　　　　　　　F♯m
　　Needing no - thing.
　　　　　　A
　　You are honey dipped,
　　　　　Dmaj⁷　　　　　　　　D⁶
　　You're a beautiful floating cloud,   soft world
　　　　　　　　A
　　And I can't feel my lips.

Chorus 1

　　　　　　Dm
　　I'm going down,
　　　　　　A
　　I don't wanna change,
　　　　　　Dm
　　I'm going down,
　　　　　　E♭m
　　Going down with rain.

cont.

         B
Don't bring me down,

    E♭m
I beg you.

         B
Don't bring me down,

      E♭m
I won't let you,

         B
Don't bring me down.

| **F♯m** | **A** | **Dmaj⁷** | **D⁶** | |

Verse 2

F♯m   **A**
  And all of this for now,

      Dmaj⁷
And I am any - one's, everyone's,

D⁶   **F♯m**
We are where the first becomes the sun.

           A
And I'm addic - ted,

           Dmaj⁷
To the joining of the little things,

Those little things,

D⁶   **A**
  The little things they bring.

Chorus 2   As Chorus 1

Middle

F♯m   **A**
  So another restless mind,

      Dmaj⁷   **D⁶**
I could go either way.

Chorus 3

    A   **Dm**
    Oh I'm going down

            A
I don't wanna change

        Dm
I'm going down,

              E♭m
Going down with rain,

           B
Don't bring me down

    E♭m
I beg you,

           B
Don't bring me down,

       E♭m
I won't let you.

           B
Don't bring me down,

    E♭m
I beg you,

           B
Don't bring me down,

       E♭m
I won't let you

           B
Don't bring me down

    E♭m
I beg you

           B
Don't bring me down,

       E♭m
I won't let you

           B
Don't bring me down.

| **F♯m** | **A** | **Dmaj7** | **D6** | |

Outro

F♯m   **A**
    There's nothing left to choose

        Dmaj7
And so I fight a war in my head

Stay the night, protect me.

(There Is) No Greater Love

Words & Music by
Isham Jones & Marty Symes

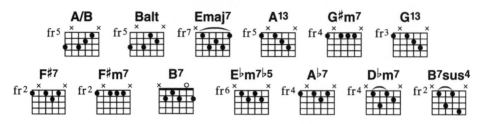

Intro | A/B | Balt   ‖

Verse 1

          Emaj7   **A13**
There is no greater love,

                 G#m7 **G13**
Than what I feel for you.

          F#7   **F#m7**
No sweeter song,

            A/B   **Balt**
No high   so true.

Verse 2

          Emaj7   **A13**
There is no greater thrill,

                 G#m7 **G13**
Than what you bring to me.

          F#7
No sweeter song,

         F#m7   **B7**   **Emaj7** | **Emaj7** |
Than what you sing, sing to me.

Middle

E♭m7♭5　A♭7　　　　　　　　D♭m7
　　　　　　You're the sweetest thing,

E♭m7♭5　A♭7　　　D♭m7
　　That I've ever known.

F♯7　　　　　　　　　　　F♯m7
And to think that you are mine,

　　　　　B7
You are mine alone.

Verse 3

　　　　　　Emaj7　　　A13
There is no greater love,

　　　　　　　G♯m7　　G13
In all the world, it's true.

　　F♯7
No greater love,

　　　　　　F♯m　B7sus4　Emaj7
Than what I feel　for　　　you.

Evangeline

Words & Music by
Elizabeth Fraser, Simon Raymonde & Robin Guthrie

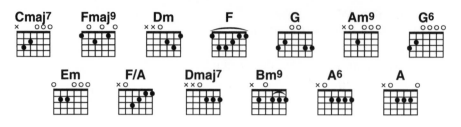

Verse 1

Cmaj7   Fmaj9
Sorrow for letting,

      Dm
Someone else,

F   G
  Define you know who you are at every age

Cmaj7   Fmaj9   Dm
What im - pression am I making?

F   G
I see me as other people see me.

Chorus 1

Cmaj7   Am9
  There is no going back

          F
I can't stop feeling now

G6
I am not the same,

      G
I'm growing up again.

Cmaj7   Am9
  I am not the same,

         F
I'm growing up a - gain

G6   G
There's no going back I can't stop feeling now.

Verse 2

    Cmaj7 Fmaj9
    I   had to,

           Dm
    Fanta - sise

    F   **G**
    I was a princess, Mum and Dad were Queen and King

    Cmaj7 Fmaj9   **Dm**
    I   ought to have what feeling?

    F   **G**
    I see me as other people see me.

Chorus 2

As Chorus 1

Dm   **Em** | **F/A G** |
Feeling now.

Interlude

| **Dm Em** | **Am9 G** | **Dm Em** | **Am9** | **Am9** ‖

Chorus 3

As Chorus 1

Verse 3

Dmaj7   **Bm9**
  I had to fanta - sise

        G
Just to sur - vive

  A6
I was a famous artist

      A
Every - body took me seriously.

Dmaj7   **Bm9**
  Even those who did

        G
Never understood me

  A6
I had to fantasise

    A   **Dmaj7**
Just to survive.

The Ballad Of Lucy Jordan

Words & Music by
Shel Silverstein

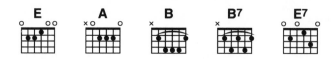

Intro   ‖: E | E | E | E :‖

Verse 1
     E
The morning sun touched lightly
 A   E
On the eyes of Lucy Jordan

In a white suburban bedroom,
     B   B7
In a white su - burban town.
  E   E7
As she lay there 'neath the covers,
    A   E
Dreaming of a thousand lovers
   B   B7
Till the world turned to o - range,
         E E7
And the room went spinning round.

Chorus 1
    A
At the age of thirty seven,
   E
She realised she'd never ride through Paris
           B
In a sports car with the warm wind in her hair.
   E   E7
So she let the phone keep ringing,
    A   E
And she sat there softly singing
   B
Little nursery rhymes she'd memorised,
    A   E
In her daddy's easy chair.

Verse 2

       E
Her husband he's off to work,

         A   E
And the kids were off the school

And there were oh so many ways

      B   B7
For her to spend a day.

          E
She could clean the house for hours,

    A   E
Or re - arrange the flowers,

    B
Or run naked through the shady street

          E   E7
Screaming all the way.

Chorus 2   As Chorus 1

Verse 3

       E   E7
The evening sun touched gently

       A   E
On the eyes of Lucy Jordan

             E7
On the rooftop where she climbed

       E   B | B7 | B | B7
When all the laughter grew too loud.

      E
And she bowed and curtseyed

E7   A   E
   To the man who reached and offered her his hand,

     B
And he led her down to the long white car

          E | E7
That waited past the crowd.

Chorus 3

       A
At the age of thirty seven,

     E
She knew she'd found forever

As she rode along through Paris

             B
With the warm wind in her hair.

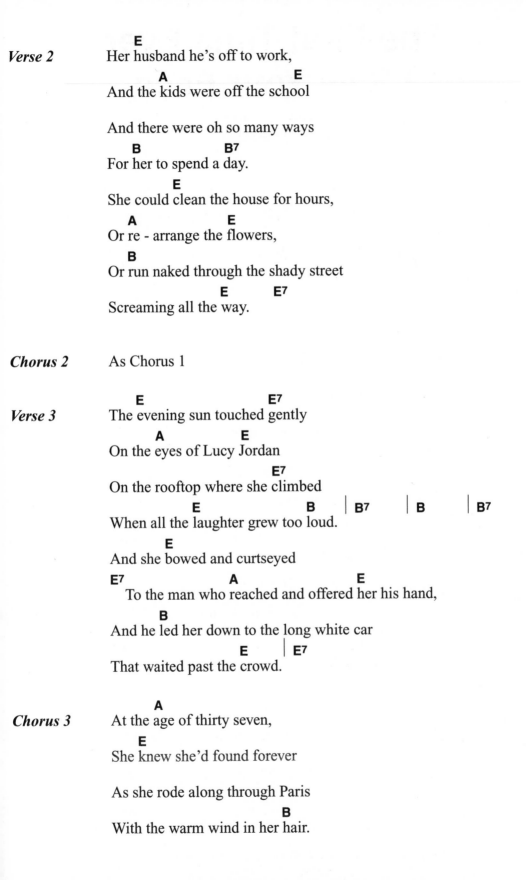

The First Time Ever
I Saw Your Face

Words & Music by
Ewan MacColl

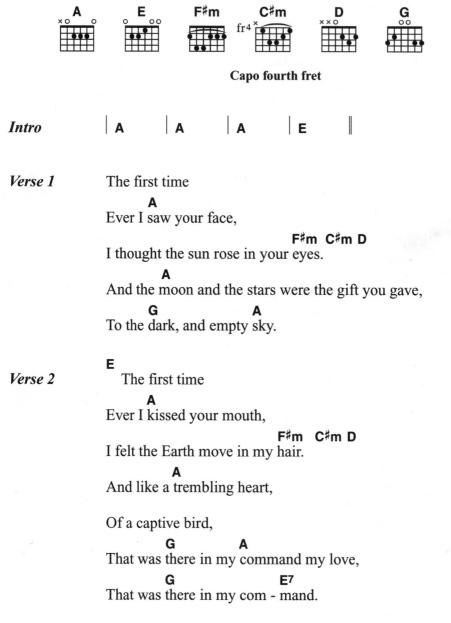

Capo fourth fret

Intro | A | A | A | E ||

Verse 1

The first time
    A
Ever I saw your face,
                    F#m C#m D
I thought the sun rose in your eyes.
      A
And the moon and the stars were the gift you gave,
    G   **A**
To the dark, and empty sky.

Verse 2

  E
  The first time
    A
Ever I kissed your mouth,
                  F#m C#m D
I felt the Earth move in my hair.
      A
And like a trembling heart,

Of a captive bird,
     G   **A**
That was there in my command my love,
     G   **E7**
That was there in my com - mand.

Verse 3

                    A
The first time ever I lay with you,
                              F#m   C#m D
And felt your heart beat over mine,
       A
I thought our joy would fill the air
       G   A
And last till the end of time,
       G   E7 | E7 | E7 | E7
And last till the end of time.

| D | D | E   ‖

The Night They Drove Old Dixie Down

Words & Music by
J. Robbie Robertson

Verse 1

   Bm   D   G   Bm
Virgil Caine is my name and I drove on the Danville train,

D   Bm   G   Bm
Till so much cavalry came and tore up the tracks a - gain,

G   D   Bm   G
In the winter of '65, we were hungry, just barely alive,

Bm   G
I took the train to Richmond that fell,

        D   Bm   E
It was a time I re - member, oh, so well.

Chorus 1

      D   Bm   G   D
The night they drove old Dixie down,

         Bm
And all the bells were ringin,'

      D   Bm   G   D
The night they drove old Dixie down,

         Bm
And all the people were singin',

          D   Bm
They went, "Na, na, na, na, na, na,

E   G
Na, na, na, na, na, na, na, na, na, na."

Link 1   ‖: D A/C♯ | Bm A :‖

Verse 2

Bm   D
Back with my wife in Tennessee,
     G   Bm
And one day she said to me,
D   Bm
  "Virgil, quick! Come see!
G   Bm
There goes Robert E. Lee."
     G   D
Now I don't mind, I'm chopping wood,
    Bm   G
And I don't care if the money's no good,
   Bm   G
Just take what you need and leave the rest,
         D   Bm   E
But they should never have taken the very best.

Chorus 2   As Chorus 1

Link 2   ‖: D A/C♯ | Bm A :‖

Verse 3

Bm   D
  Like my father be - fore me,
G   Bm
  I'm a working man.
D   Bm
  And like my brother be - fore me,
G   Bm
  I took a rebel stand.
        G   D
Well, he was just 18, proud and brave,
   Bm   G
But a Yankee laid him in his grave.
Bm   G
I swear by the blood be - low my feet,
       D   Bm   E
You can't raise a Caine back up when he's in de - feat.

Chorus 3   As Chorus 1

  | Bm   ‖

Bend

Words & Music by
Glen Ballard & Shelby Lynne

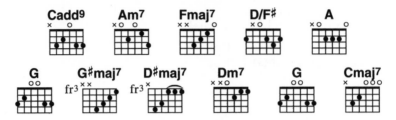

Intro

Cadd9
(Come over here, come over here,

Come over here, come over here),
      Am7
Here's your invitation...
Cadd9
(Come over here, come over here,

Come over here, come over here),
      Am7
For your consideration.

Verse 1

Fmaj7
Nothin's easy, we'll go slow,

I'll never ask for anything more
   D/F#
Than you can give me in return,
A
We'll never know for sure
   Fmaj7
What we will find if we don't try,

On the other side,
G
Oh we'll take our time.

Chorus 1

G♯maj⁷　　**D♯maj⁷**
Bend just a little bit,

G♯maj⁷　　**D♯maj⁷**
Break just a little bit.

G♯maj⁷　　**D♯maj⁷**
Bend just a little bit,

Dm⁷　　　　**G**
Oh get rid of it babe.

G♯maj⁷　　**D♯maj⁷**
Bend just a little bit,

G♯maj⁷　　**D♯maj⁷**
Break just a little bit.

G♯maj⁷　　**D♯maj⁷**
Bend just a little bit,

Dm⁷　　　　　　　**G**
　And I won't let you fall, no.

Interlude 1

Cadd⁹
(Come over here, come over here,

Come over here, come over here),

　　　　Am⁷
Let's have a conversation.

Cadd⁹
(Come over here, come over here,

Come over here, come over here),

　　　　Am⁷
Talk a - bout our situation.

Verse 2

　　　　Fmaj⁷
Em - brace the night, don't let go,

No one else has to know.

D/F♯
Understand a little more,

　　　A
What feelin' somebody is good for.

Fmaj⁷
Stay with me the whole night through,

There's nothing good as lovin' you.

　　　G
When daylight breaks I'll love you more

Than I did before.

69

Chorus 2   As Chorus 1

Interlude 2 | **Cadd9** | **Cadd9** |

     Am7
There's no expectation,

Cadd9 Am7
  Just give into temptation.

     Fmaj7   **Cmaj7**
Middle   (Come over here, come over here,

Fmaj7   **Cmaj7**
Come over here, come over here),

Fmaj7   **Cmaj7**
Bend just a little bit,

Fmaj7   **Cmaj7**
  Get rid of it baby.

Chorus 3   As Chorus 1

Cadd9
Come over here, come over here.

                  Am7 | **Am7**
Come over here, come over here.

   Cadd9
Outro   ‖: Bend just a little bit,

         Am7 | **Am7**
Break just a little bit.   :‖

Repeat outro ad lib. to fade

(Looking For) The Heart Of Saturday Night

Words & Music by
Tom Waits

Capo second fret

Intro

| A | A | D | D |

| Bm7 | E | A | A ||

Verse 1

            A
Well you gassed her up behind the wheel,

        D
With your arm around your sweetheart,

In your Oldsmobile,
Bm7
Barrelin' down the boulevard,
E   **A**
Looking for the heart of Saturday night.

Verse 2

         A
You got paid on Friday

And your pockets are jinglin'
   D
You see the lights

You get all a tinglin'
           Bm7
'Cause you're cruisin' with a six
    E   **A**
You're looking for the heart of Saturday night.

Bridge

       Bm7
Now you combed your hair,

E
Shaved your legs,

A
  Tryin' to wipe out ev'ry trace,

   Bm7
Of all the other days in the week,

E
This'll be the Saturday you're reachin' your peak.

Verse 3

     A
You're stoppin' on the red,

Goin' on the green,

     D
'Cause to - night'll be like nothin'

That you've ever seen,

    Bm7
And you're barrelin' down the boulevard.

E   **A**
Lookin' for the heart of Saturday night.

Interlude

| **A** | **A** | **D** | **D** | |
| **Bm7** | **E** | **A** | **A** | |

Bridge

     Bm7   **E**
Is it the crack of the poolballs, or the neon buzzin'?

     A
And the telephone's ringin',

It's your second cousin

    Bm7
The barmaid is smilin' from the corner of her eye

       E
She's got the magic of a melancholy tear in her eye.

Verse 4

        A
And it makes you kind of special down in the core,

           D
'Cause you're dreamin' of the Saturdays that came before

         Bm7
And they've got you stumblin'

E   **A**
  Onto the heart of Saturday night.

Verse 5

        A
So you gassed her up,

Behind the wheel,

        D
With your arm around your sweet one,

In your Oldsmobile.

Bm7
Barrelin' down the boulevard,

E   **A**
Looking for the heart of Saturday night.

Outro

        Bm7
You go barrelin' down the boulevard,

E   **A**
Looking for the heart of Saturday night.

        Bm7
You go barrelin' down the boulevard,

E   **A** | **A** |
Looking for the heart of Saturday night.

| **D** | **D** | **Bm7** | **E** | **A** | **A** |

A Place Called Home

Words & Music by
Kimberly Richey & Mike Henderson

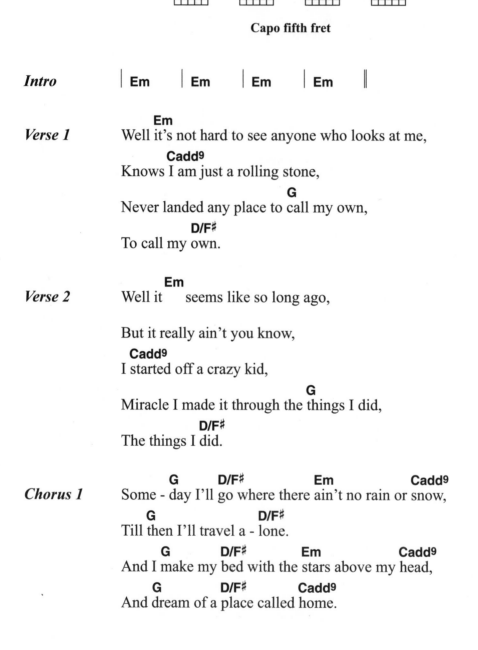

Em   **Cadd⁹**   **G**   **D/F♯**

Capo fifth fret

Intro | Em | Em | Em | Em   ‖

Verse 1
Em
Well it's not hard to see anyone who looks at me,
Cadd⁹
Knows I am just a rolling stone,
                                    G
Never landed any place to call my own,
                D/F♯
To call my own.

Verse 2
            Em
Well it   seems like so long ago,

But it really ain't you know,
    Cadd⁹
I started off a crazy kid,
                            G
Miracle I made it through the things I did,
                D/F♯
The things I did.

Chorus 1
        G   **D/F♯**   **Em**   **Cadd⁹**
Some - day I'll go where there ain't no rain or snow,
    G   **D/F♯**
Till then I'll travel a - lone.
        G   **D/F♯**   **Em**   **Cadd⁹**
And I make my bed with the stars above my head,
        G   **D/F♯**   **Cadd⁹**
And dream of a place called home.

Verse 3

Em
    I had a chance to settle down,

Get a job and live in town,
Cadd9
Work in some old factory,

                  G
I never liked the foreman standing over me,
     D/F♯
Over me.

Verse 4

       Em
No I'd   rather walk a windy road,

Rather know the things I know,
Cadd9
See the world with my own eyes,

              G
No regrets, no looking back,   no goodbyes,
     D/F♯
No   goodbyes.

Chorus 2   As Chorus 1

Interlude   ‖: Em | Em | Cadd9 | Cadd9 :‖

            | G | D/F♯ |

Chorus 3   As Chorus 1

Outro

        G   **D/F♯**   **Em**   **Cadd9**
Some - day I'll go where there ain't no rain or snow
      G   **D/F♯**   **Cadd9** | **Cadd9** | **Cadd9** | **Cadd9** |
And dream of a place called home.

Wonder Child

Words & Music by
Jimmy McCarthy

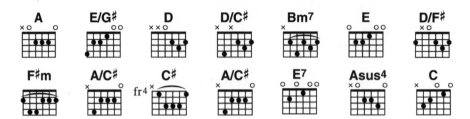

Capo third fret

Intro | A | A |

Verse 1
       A
This child he means the world to me,
         E/G♯   **D**   **D/C♯**
There is no more en - chanted.
   Bm7
A child can take this place of ruin,
     E   **D/F♯**   **E/G♯**
And magic - ally en - hance it.
    A
I see him in a golden room,
        A/C♯   **D**
With the book of life be - fore him.
      C♯   **F♯m**
Strange instruments u - pon his charts,
       E   **D/F♯**   **E/G♯**
And the crystal glow in - side him.

Chorus 1
       A   **A/C♯ D**   **D/C♯**
He is your won - der   child,
   Bm7   **E** **E7**
And my dreams come true.
    A/C♯   **D**
You searched all of your life,
   Bm7   **E**   **Asus4** **A**
I see him now, flying over the uni - verse.

Interlude   ‖: C E | A   :‖

Verse 2

        A
This child will build a violin,
              E/G♯   **D**
One will follow the traveller's love.
    Bm7
An - other will the bow apply,
   E   **D/F♯** **E/G♯**
To reach the one a - bove.
     A
I see her in a golden room,
              E/G♯ **D**
With the moon and the stars a - bout her.
    C♯   **F♯m**
Her simple smile is Heaven's gate,
       E   **D/F♯** **E/G♯**
With the Queen of all be - side her.

Chorus 2

      A   **D**   **D/C♯**
She's your wonder child,
   Bm7   **E** **E7**
And my dreams come true.
   A/C♯   **D**
You searched all of your life,
  Bm7   **E**   **Asus4 A**
I see her now, flying over the unive - rse.

Chorus 3

     A   **D**   **D/C♯**
Your wonder child,
   Bm7   **E** **E7**
And my dreams come true.
   A/C♯   **D**
You searched all of your life,
  Bm7   **E**   **Asus4 A**
I see them now, flying over the unive - rse.

Chorus 4

     A   **D**   **D/C♯**
Your wonder child
   Bm7   **E** **E7**
And my dreams come true
   A/C♯   **D**
You searched all of your life
  Bm7   **E**   **Asus4 A**
I see them now, flying over the universe.

Eternity

Words & Music by
Lizz Wright

| Em7 | C | Dsus2 | B♭add9 | Am7 | G/B | F♯m/E | Asus2 |

Intro | Em7 | C Dsus2 | Em7 | C Dsus2 ‖

Verse 1

Em7　　　　　C　Dsus2 Em7 C　　Dsus2
Something a - bout you　　really moves me

Em7　　　　　C　　Dsus2 Em7　　C　　Dsus2
You found the water - falls, the treasures in me.

B♭add9　　　　　　　　　　Am7
What is the gift that you pos - sess?

B♭add9　　　　　　　　　　G/B　F♯m/E
What is this strange happi - ness?

Chorus 1

　　　Asus2
I will find the answer

C　　Dsus2　Asus2
And if the answer is you,

C　Dsus2
My love,

Asus2　　　　　　　C　　Dsus2 Em7 C
I'll have to have you　for e - terni - ty———

Dsus2　　　Em7 C　Dsus2
I'll have to have you.

Verse 2

Em⁷   **C**   **Dsus²**
Something in your voice,

Em⁷   **C**   **Dsus²**
Something in your eyes.

Em⁷   **C Dsus²**
I don't feel so lost,

     Em⁷   **C**   **Dsus²**
And I don't have to hide.

B♭add⁹   **Am⁷**
Something has set me free,

    B♭add⁹   **G/B**
And I don't mind, and I can't ex - plain

B♭add⁹   **Am⁷**
I just choose to be - lieve

    B♭add⁹   **G/B**   **F♯m/E**
That you have something to do with it.

Chorus 2

     Asus²
And I'll find the answer,

C   **Dsus²**   **Asus²**
And if the answer is you,

C **Dsus²**
My love

Asus²   **C**   **Dsus²** **Em⁷ C**
I'll have to have you   for e - terni - ty——

Dsus²   **Em⁷ C** **Dsus²** **Em⁷ C**   **Dsus²**
I'll have to have you, oh,

       Em⁷   **C**   **Dsus²**
I'll have to have you, yeah, yeah

Em⁷   **C Dsus²**
  For eterni - ty,

       Em   **C**   **Dsus²** ‖: **Em⁷** | **C Dsus²** :‖
I'll have to have you

     Em⁷
Yeah, yeah.

At Seventeen

Words & Music by
Janis Ian

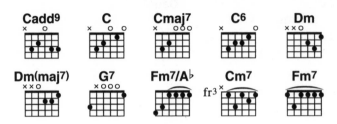

Intro   ‖: Cadd9 C Cmaj7 | C6   :‖

Verse 1

C
I learned the truth at seventeen,

      Dm   Dm(maj7) Dm
That love was meant for beauty   queens.

G7
   And high school girls with clear skin smiles,

C   Cadd9 C Cmaj7 | C6
   Who married young, and then retired.

Verse 2

C
The valentines I never knew,

      Dm   Dm(maj7) Dm
The Friday night cha - rades of youth.

G7
   Were spent on one more beautiful,

C   Cadd9 C Cmaj7 | C6
   At seventeen I learnt the truth.

Chorus 1

Fm7/A♭
And those of us with ravaged faces,

G7
 Lacking in the social graces,

Cm7   Fm7
Desperately re - mained at home,

 Cm7   Fm7
In - venting lovers on the phone.

 Fm7/A♭   G7
Who called to say, come dance with me,

Cm7   Fm7
 And murmured vague obscenities,

Dm7   G7
It isn't all it seems at seventeen.

Verse 3

 C
A brown eyed girl in hand me downs,

Dm   Dm(maj7) Dm
 Whose name I never could pro - nounce.

G7
 Said, pity please the ones who serve

C   Cadd9 C Cmaj7 │ C6
 They only get what they deserve.

Verse 4

   C
And the rich relation home town queen,

Dm   Dm(maj7) Dm
Marries into what she needs.

  G7
With a guarantee of company,

C   Cadd9 C Cmaj7 │ C6
 And haven for the elderly.

Chorus 2

 Fm7/A♭
Re - member those who win the game,

G7
Lose the love they sought to gain,

 Cm7   Fm7   Cm7   Fm7
In debentures the quality and dubious in - tegrity

  Fm7/A♭   G7
Their small down eyes will gape at you,

Cm7   Fm7
 In dull surprise when payment due,

Dm7   G7
 Exceeds accounts received at seventeen.

Interlude ‖ C | C | C | C   ‖

Verse 5
    C
To those of us who knew the pain,
    Dm   **Dm(maj⁷) Dm**
Of valentines that never   came.
G⁷
   And those whose names were never called,
C   **Cadd⁹ C Cmaj⁷** | **C⁶**
   When choosing sides for basketball.

Verse 6
     C
It was long ago and far away,
    Dm   **Dm(maj⁷) Dm**
The world was younger than today.
G
   And dreams were all they gave for free,
C   **Cadd⁹ C Cmaj⁷** | **C⁶**
   To ugly duckling girls like me.

Chorus 3
      Fm⁷/A♭
We all play the game and when we dare,
    G⁷
To cheat ourselves at solitaire.
   Cm⁷   **Fm⁷**
In -venting lovers on the phone,
   Cm⁷   **Fm⁷**
Re - penting other lives unknown.
  Fm⁷/A♭   **G⁷**
That call and say, come dance with me,
Cm⁷   **Fm⁷**
And murmur vague ob - scenities,
Dm   **G⁷**
  At ugly girls like me, at seventeen.

‖: **Cadd⁹ C Cmaj⁷** | **C⁶** :‖ **Cmaj⁷** ‖

82

Be Still My Heart

Words & Music by
Silje Nergaard & Mike McGurk

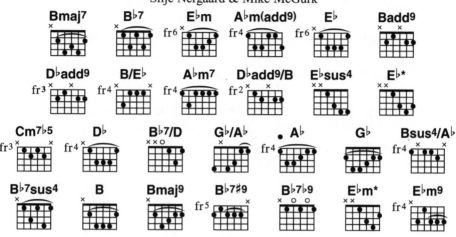

Intro | Bmaj7 B♭7 | E♭m A♭m(add9) | Bmaj7 B♭7 | E♭m ‖

Verse 1

Bmaj7   B♭7   E♭m   A♭m(add9)
My heart is not lonely or broken,

Bmaj7   B♭7   E♭m   A♭m(add9)
It's not of ice or of gold.—

Bmaj7   B♭7   E♭m   A♭m(add9)
Nor has my heart ever spoken

Bmaj7   B♭7   E♭m
To me when the love has grown cold.

Bmaj7   B♭7   E♭m   A♭m(add9)
I felt not the faintest flutter

Bmaj7   B♭7   E♭m   A♭m(add9)
When you brushed my cheek as you passed—

Bmaj7   B♭7   E♭m   A♭m(add9)
Nor will I willingly clutter

Bmaj7   B♭7   E♭
My life with these things that don't last.

Chorus 1

        Badd9   D♭add9   B/E♭
Be still my heart,—

A♭m7   D♭add9/B   E♭sus4 E♭*
My   heart be   still.—

Cm7♭5 D♭   B♭7/D   G♭/A♭ A♭
Be   still my heart,—

Badd9   D♭add9   E♭sus4 E♭*
My   heart be still.

Link 1 ‖ Bmaj⁷ B♭7 │ E♭m A♭m(add9) │ Bmaj⁷ B♭7 │ E♭m ‖

Bmaj⁷   **B♭7**   **E♭m   A♭m(add9)**
Verse 2   If our eyes   should meet then so be it,
Bmaj⁷   **B♭7**   **E♭m**   **A♭m(add9)**
     No need to trouble the heart.———
Bmaj⁷   **B♭7**   **E♭m**   **A♭m(add9)**
     That is hidden where no one can free it
Bmaj⁷   **B♭7**   **E♭m**
     Only to tear it a - part.

Chorus 2   As Chorus 1

G♭
Middle   Beware,
       B/E♭
     Be still my heart,

     Take care,
       Bsus4/A♭
     Be still my heart,
B/E♭
     My heart be still.
G♭   **B/E♭**
     Be still, be still my heart,
          Bsus4/A♭ B♭7sus4   **B♭7**
     My heart, my heart.———

Flügel solo   │ E♭m A♭m⁷ │ B B♭7♯9 │ E♭m A♭m⁷ │ Bmaj⁹ B♭7♯9│

          │ E♭m A♭m⁷ │ Bmaj⁹ B♭7♭9│ E♭m* A♭m⁷ │ B7 B♭7 ‖

84

Chorus 3

E♭*   Badd9   D♭add9   B/E♭
Be still my heart,——

A♭m7   D♭add9/B   E♭sus4   E♭*
My heart be   still.

Cm7♭5   D♭   B♭7/D   G♭/A♭   A♭
Be   still my heart,——

Badd9   D♭add9   E♭sus4   E♭*
My heart be still.

Cm7♭5   D♭   B♭7/D   G♭/A♭   A♭
Be   still my heart,——

Badd9   D♭add9   E♭sus4
My heart be still.

Outro

| Bmaj7 B♭7 | E♭m A♭m(add9) | Bmaj7 B♭7 | E♭m |

| Bmaj7 B♭7 | E♭m A♭m(add9) | Bmaj7 B♭7 | E♭m |

‖: Bmaj7 B♭7sus4 | E♭m9 A♭m(add9) | Bmaj7 B♭7 | E♭m9 :‖

| Bmaj7 B♭7 | E♭m A♭m(add9) | Bmaj7 B♭7 | E♭m ‖
Mmm,   my heart————   be still.

Once In A Very Blue Moon

Words & Music by
Patrick Alger & Eugene Levine

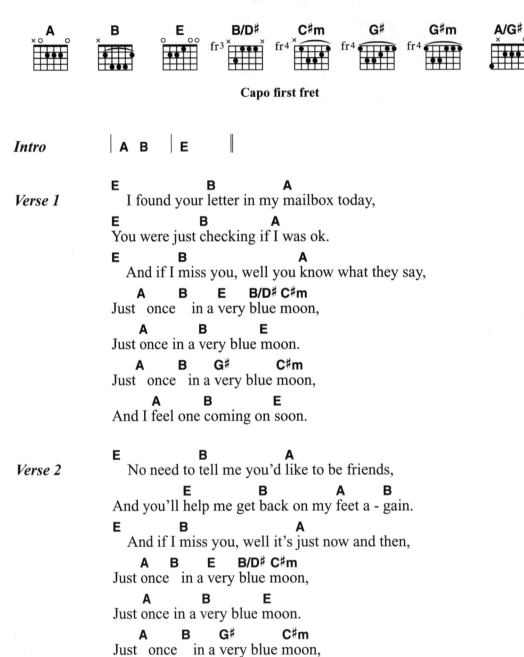

Capo first fret

Intro ‖ A B │ E │ ‖

Verse 1
     E   B   A
    I found your letter in my mailbox today,
E   B   A
You were just checking if I was ok.
E   B   A
    And if I miss you, well you know what they say,
      A   B   E   B/D♯ C♯m
Just once in a very blue moon,
      A   B   E
Just once in a very blue moon.
      A   B   G♯   C♯m
Just once in a very blue moon,
       A   B   E
And I feel one coming on soon.

Verse 2
     E   B   A
    No need to tell me you'd like to be friends,
          E   B   A   B
And you'll help me get back on my feet a - gain.
E   B   A
    And if I miss you, well it's just now and then,
      A   B   E   B/D♯ C♯m
Just once in a very blue moon,
      A   B   E
Just once in a very blue moon.
      A   B   G♯   C♯m
Just once in a very blue moon,
       A   B   E │ E
And I feel one coming on soon.

                    A   **G♯**   **C♯m**
There's a blue moon shin - ing,

            A   **B**   **A**   **B**   **E**
When I am re - minded of all we've been through.

            A   **G♯**   **C♯m**
Such a blue moon shin - ing,

            A   **A/G♯** **F♯m** **E** **B**
Does it ever shine down on you?

Verse 3

            E   **B**   **A**
    You act as if it never hurt you at all,

            E   **B**   **A**   **B**
Like I'm the only one who's getting up from a fall.

E   **B**   **A**
    Don't you re - member, can't you recall?

            A   **B**   **E**   **B/D♯** **C♯m**
Just   once   in a very blue moon,

            A   **B**   **E**
Just   once   in a very blue moon.

            A   **B**   **G♯**   **C♯m**
Just   once   in a very blue moon,

            A   **B**   **E**
And I feel one coming on soon,

            A   **B**   **E**
Just once in a very blue moon.

Tomorrow Morning

Words & Music by
Gretchen Peters

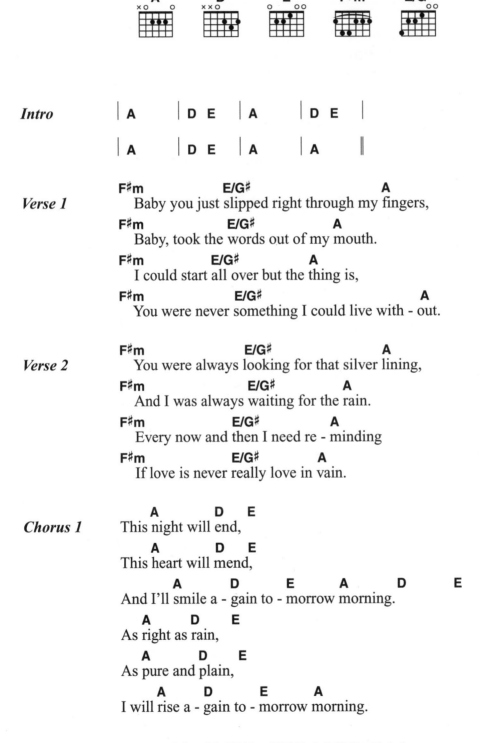

Intro

| A | D E | A | D E |

| A | D E | A | A |

Verse 1

F♯m   E/G♯   A
Baby you just slipped right through my fingers,
F♯m   E/G♯   A
Baby, took the words out of my mouth.
F♯m   E/G♯   A
I could start all over but the thing is,
F♯m   E/G♯   A
You were never something I could live with - out.

Verse 2

F♯m   E/G♯   A
You were always looking for that silver lining,
F♯m   E/G♯   A
And I was always waiting for the rain.
F♯m   E/G♯   A
Every now and then I need re - minding
F♯m   E/G♯ A
If love is never really love in vain.

Chorus 1

   A   D E
This night will end,
   A   D E
This heart will mend,
    A   D   E A   D   E
And I'll smile a - gain to - morrow morning.
   A   D E
As right as rain,
   A   D E
As pure and plain,
    A   D   E A
I will rise a - gain to - morrow morning.

Verse 3

F#m   E/G#   A
 If I have a soul, I've never seen it,
F#m   E/G#   A
 And if I have a prayer what could I pray?
F#m   E/G#   A
 I say that I'm al - right, but I don't mean it,
F#m   E/G#   A
 What I really mean is I'm ok.

Chorus 2   As Chorus 1

Verse 4

F#m   E/G#   A
 Dreamed I was a sailor on the ocean,
F#m   E/G# A
 And I dreamed that I was lost inside a storm.
F#m   E/G#   A
 Maybe I can find a fair wind blowing
F#m   E/G#   A
 Somewhere in the dark before a dawn...

Chorus 3   As Chorus 1

D E   A
 To - morrow morning,
D E   A
 To - morrow morning,
D E   A
 To - morrow morning.

| D E | A | ‖

San Andreas Fault

Words & Music by
Natalie Merchant

Capo fourth fret

Intro   ‖: A | E | F# | C#m   :‖

Verse 1

 A   E
  Go west, Paradise is there,

       F#
You'll have all that you can eat,

       C#m
Of milk and honey over there.

 A   E
  You'll be the brightest star the world has ever seen,

F#   C#m
Sun baked, slender heroine of film and magazine.

| A | E | F# | C#m |

Verse 2

 A   E
  So go west, Paradise is there

       F#
You'll have all that you can eat,

       C#m
Of milk and honey over there..

 A   E
  You'll be the brightest light the world has ever seen,

  F#   C#m
The dizzy height of a jet set life   you could never dream.

Bridge 1

           A
Your pale blue eyes,

           E
Strawberry hair,

      B
Lips so sweet,

       C♯m
Skin so fair.

          A
Your future bright,

           E
Beyond com - pare,

        B   **C♯m**
It's rags to riches over there.

Interlude   ‖: A | E | F♯ | C♯m :‖ C♯m

Verse 3

A   E
San Andreas Fault moved its fingers through the ground,
F♯   C♯m
Earth divided, plates collided,   such an awful sound.
A   E
San Andreas Fault moved its fingers through the ground,
F♯   C♯m
Terracotta shattered, and the walls came tumbling down.

Bridge 2

          A
Oh promised land,

        E
Oh wicked ground,

      B
Build a dream,

       C♯m
Tear it down.

          A
Oh promised land,

           E
What a wicked ground

      B
Build a dream,

         C♯m
Watch it all fall down...

Outro   ‖: A | E | F♯ | C♯m :‖ *repeat to fade*

Prayer

Words & Music by
Rolf Lovland & Nikki Matheson

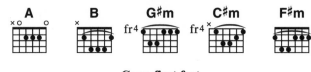

Capo first fret

Chorus 1

    A   **B**   **G♯m A**
Let your arms un - fold us,

    A   **B**   **G♯m**
Through the dark of night.

    A   **B**   **G♯m A**
Will your angels hold us,

    A   **B** | **C♯m A** | **F♯m G♯m** |
Till we see the light?

| **C♯m A** | **F♯m G♯m** | **C♯m A** | **F♯m G♯m** |

| **C♯m A** | **F♯m G♯m** | **G♯m** | **G♯m** |

Verse 1

  C♯m   **A F♯m**   **G♯m**   **C♯m**   **A** | **F♯m G♯m**
Hush,   lay down your troubled mind,

    C♯m A F♯m   **G♯m**   **C♯m**   **A** | **F♯m G♯m**
The day   has vanished and left us be - hind.

      C♯m A F♯m   **G♯m**   **C♯m**   **A** | **F♯m G♯m**
And the wo - men   whispering soft lulla - bies,

      C♯m A F♯m   **G♯m C♯m**   **A** | **F♯m G♯m** | **G♯m** |
Will soothe, so close your weary eyes.

Chorus 2   As Chorus 1

Verse 2

C#m   A F#m   G#m   C#m A | F#m G#m
Sleep,   angels will watch over you,

    C#m A F#m   G#m   C#m A | F#m G#m
And soon,   beautiful dreams will come true.

         C#m A F#m   G#m   C#m A | F#m G#m
Can you feel   spirits em - bracing us all?

  C#m   A   F#m   G#m   C#m   A | F#m G#m
So dream,   where secrets of darkness un - fold.

Chorus 3

A   B   G#m A
  Let your arms un - fold us,

A   B   G#m
  Through the dark of night.

A   B   G#m A
  Will your angels hold us,

A   B   C#m
  Till we see the light?

Chorus 4   As Chorus 1

The Edge Of The Moon

Words & Music by
Hermione Ross
Arranged by Roisin O'Reilly & Mark Armstrong

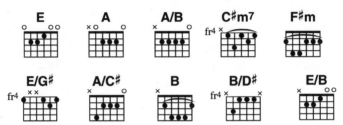

Intro ‖: E A | E A :‖

Verse 1

    E   A
She sings him a song,

   A/B   E
He loves to listen.

   C♯m7   A
He reads her a story,

   A/B   E
She plays a sweet tune.

F♯m   E
Chopin and Mozart,

   A   E/G♯
She loves with her heart,

   A/C♯ F♯m   A/B   E   A | E A |
Her guardian angel looks down from a moon.

Verse 2

    E   A
He rings the bells nightly,

   A/B   E
She prays for their freedom.

   C♯m7   A
He stands at the pulpit,

   A/B   E
She stays in her rooms.

F♯m   E
Gladdy and Haydn

   A   E/G♯
She loves with her heart,

   F♯m   A/B   A/C♯   B/D♯ E
Her guardian angel looks down from a moon.

Middle

```
         E/G♯            A
She prays for di - vision,
         A/B              E
He hopes she won't see it.
         C♯m7      F♯m
She wishes for winter,
         B              E
He knows it won't come.
F♯m           E/G♯
Summer and autumn,
         A              E/G♯
Cry whisper, we'll win some,
         A/C♯    F♯m       A/B       E
Her guardian angel looks down from a moon.
```

Piano Solo

```
| E  A  | A/B  E | E  A  | A/B  E |

| F♯m  E/G♯ | A  E/B  | A/C♯  F♯m | B  E  ‖
```

Verse 4

```
         E        A
He closes the curtains,
         A/B      E
She takes to her bed now.
         C♯m7      A
He waits in the doorway,
         A/B      E
She stays in her room.
F♯m        C♯m7
Beautiful music,
         A              E/G♯
Sweet songs filled with glory,
         F♯m      A/B        A/C♯     B/D♯ E
Her guardian angel looks down from a  moon.
```

Outro

```
         E              A
She waves her good - bye,
              A/B
From the edge of the moon.
```

```
| E  A | E  A | E  A | E    |
```

Relative Tuning

The guitar can be tuned with the aid of pitch pipes or dedicated electronic guitar tuners which are available through your local music dealer. If you do not have a tuning device, you can use relative tuning. Estimate the pitch of the 6th string as near as possible to E or at least a comfortable pitch (not too high, as you might break other strings in tuning up). Then, while checking the various positions on the diagram, place a finger from your left hand on the:

5th fret of the E or 6th string and **tune the open A** (or 5th string) to the note Ⓐ

5th fret of the A or 5th string and **tune the open D** (or 4th string) to the note Ⓓ

5th fret of the D or 4th string and **tune the open G** (or 3rd string) to the note Ⓖ

4th fret of the G or 3rd string and **tune the open B** (or 2nd string) to the note Ⓑ

5th fret of the B or 2nd string and **tune the open E** (or 1st string) to the note Ⓔ

E	A	D	G	B	E
or	or	or	or	or	or
6th	5th	4th	3rd	2nd	1st

Head

Nut

1st Fret

2nd Fret

3rd Fret

4th Fret

5th Fret

Reading Chord Boxes

Chord boxes are diagrams of the guitar neck viewed head upwards, face on as illustrated. The top horizontal line is the nut, unless a higher fret number is indicated, the others are the frets.

The vertical lines are the strings, starting from E (or 6th) on the left to E (or 1st) on the right.

The black dots indicate where to place your fingers.

Strings marked with an O are played open, not fretted. Strings marked with an X should not be played.

The curved bracket indicates a 'barre' - hold down the strings under the bracket with your first finger, using your other fingers to fret the remaining notes.

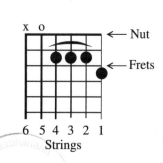

← Nut

← Frets

6 5 4 3 2 1
Strings